CONTEMPORARY GERMAN WRITERS

UWE TIMM

VOLUME II

Series Editor

Rhys W. Williams has been Professor of German and Head of the German Department at University of Wales Swansea since 1984. He has published extensively on the literature of German Expressionism and on the post-war novel. He is Director of the Centre for Contemporary German Literature at University of Wales Swansea.

CONTEMPORARY GERMAN WRITERS

Series Editor: Rhys W. Williams

UWE TIMM

VOLUME II

edited by

David Basker

CARDIFF
UNIVERSITY OF WALES PRESS
2007

© The Contributors, 2007

British Library Cataloguing-in-Publication Data
A catalogue record for this book is available from the British Library.

ISBN 0978-0-7083-2122-5

All rights reserved. No part of this book may be reproduced, stored in a retrieval system, or transmitted, in any form or by any means, electronic, mechanical, photocopying, recording or otherwise, without clearance from the University of Wales Press, 6 Gwennyth Street, Cardiff, CF2 4YD.

Cover design by Olwen Fowler.
Printed in Great Britain by Dinefwr Press, Llandybïe.

Contents

	page
List of Contributors	vii
Preface	ix
Abbreviations	xiii

1 Dankrede
   Uwe Timm   1

2 Outline Biography
   David Basker   9

3 'Selbstdeutung und Selbstfindung': Gespräch mit Uwe Timm
   Rhys W. Williams   12

4 Wärmestrom
   Martin Hielscher   26

5 Zweimal Deutsch-Südwestafrika: Uwe Timms Roman *Morenga* und Gerhard Seyfrieds Roman *Herero*
   Manfred Durzak   37

6 Connection, Dysfunction, Generation: Uwe Timm's *Nicht morgen, nicht gestern* and *Rot*
   David Basker   50

7 'A Perfectly Ordinary Childhood': Uwe Timm's *Am Beispiel meines Bruders*
   Rhys W. Williams   71

8 Memorialization and Personal Memory: Uwe Timm's *Der Freund und der Fremde*
   Rhys W. Williams   85

9 Bibliography
   David Basker   98

Index   140

List of Contributors

David Basker is Lecturer in German at University of Wales Swansea. His study *Chaos, Control and Consistency: The Narrative Vision of Wolfgang Koeppen* was published in 1993. He has published on all aspects of Koeppen's literary career and has edited *Sarah Kirsch, Hermann Peter Piwitt* and *Hans-Ulrich Treichel* in the Contemporary German Writers series. He is editor of the first volume on Uwe Timm in the series.

Manfred Durzak is Professor of Modern German Literature at the University of Paderborn. He has published very extensively on eighteenth-century and twentieth-century German literature, including monographs on Elias Canetti, Hermann Broch, Hanns-Josef Ortheil and Dieter Wellershoff. He is co-editor of a volume of essays on Uwe Timm which appeared under the title *Die Archäologie der Wünsche* in 1995.

Martin Hielscher is an author, critic and translator. He has worked as *Lektor* at a number of the leading publishing houses in Germany, including Kiepenheuer & Witsch, where his professional relationship with Uwe Timm began. Since 2001 he has been director of the literature programme with C. H. Beck. He has held guest professorships in the United States and at the Deutsches Literaturinstitut in Leipzig and has published widely on modern German literature. He has recently completed a biography of Uwe Timm.

Rhys W. Williams is Professor of German at the University of Wales Swansea and Director of the Centre for Contemporary German Literature. He has published extensively on German Expressionism (Sternheim, Benn, Carl Einstein and Toller) and on contemporary literature (Andersch, Böll, Siegfried Lenz, Martin Walser and Peter Schneider).

Preface

Contemporary German Writers

Each volume of the Contemporary German Writers series is devoted to an author who has spent a period as Visiting Writer at the Centre for Contemporary German Literature in the Department of German at the University of Wales Swansea. The first chapter in each volume contains an original, previously unpublished piece by the writer concerned; the second consists of a biographical sketch, outlining the main events of the author's life and setting the works in context, particularly for the non-specialist or general reader. A third chapter will, in each case, contain an interview with the author, normally conducted during the writer's stay in Swansea. Subsequent chapters will contain contributions by invited British and German academics and critics on aspects of the writer's *œuvre*. While each volume will seek to provide both an overview of the author and some detailed analysis of individual works, the nature of that critical engagement will inevitably depend on the relative importance of the author concerned and on the amount of critical material which his or her work has previously inspired. Each volume includes an extensive bibliography designed to fill any gaps or remedy deficiencies in existing bibliographies. The intention is to produce in each case a book which will serve both as an introduction to the writer concerned and as a resource for specialists in contemporary German literature.

Uwe Timm Volume II

The current volume is the second in the Contemporary German Writers series to be devoted to Uwe Timm. The unprecedented decision to devote a second volume to a single author has been taken by the editors for two reasons. In the first place, Uwe Timm has published extensively since the earlier volume in the series appeared and, to some extent, his work since the mid-1990s has moved in a new direction; in that sense, *Uwe Timm Volume II* updates and adjusts the overview of Timm's work presented in the earlier volume. Secondly, the reputation of Uwe Timm himself as one of the leading writers in contemporary German fiction has grown considerably since the first volume appeared. As the numerous literary prizes which he has won over the past decade indicate, he has become one of Germany's foremost literary figures and his work has found an increasingly wide audience outside Germany. The literary quality of his recent work, to which these awards bear testimony, justifies renewed critical attention. Indeed, it is with contributions relating to the acknowledgement of his achievements that the current volume opens. In March 2006 Timm was awarded the prestigious Jakob-Wassermann-Literaturpreis by the city of Fürth, and the volume begins with the 'Dankrede' which Timm delivered on receipt of the prize. His speech takes the work of Jakob Wassermann as a starting point for reflections on identity in post-unification Germany. The values of social justice and 'Hilfsbereitschaft' associated with the student movement inform Timm's conception of a national identity which openly accepts a problematic past. Martin Hielscher's essay in Chapter Two of the volume is the 'Laudatio' delivered on the same occasion. Hielscher regards Timm as an unusual figure in modern German literature in that his work is both intellectually ambitious and entertaining. He locates the source of the 'Wärmestrom', which links Timm's works, in his biography and sees his writing as a means of gaining access to new ways of perceiving everyday reality. Following an outline biography, Chapter Four comprises a wide-ranging interview with the author, covering such topics as the role of memory in writing, the legacy of the student movement, and the question of normalization as a theme in German literature. In Chapter Five Manfred Durzak revisits Timm's novel *Morenga* through the perspective of the press interest in Gerhard Seyfried's more recent novel *Herero*, itself inspired by the hundredth anniversary of the Herero uprising in 2004. Durzak highlights the subtlety of Timm's novel, arguing that its structure, which underpins the thematic concern with presenting and accepting multiple views of the world, makes it a more modern work than

Seyfried's historical novel. David Basker then examines the largely neglected volume of short stories *Nicht morgen, nicht gestern* and identifies continuities between these shorter texts and the novel *Rot*. These include the treatment of dysfunctional relationships between both genders and generations. The first of Rhys W. Williams's contributions to the volume is an analysis of *Am Beispiel meines Bruders*, which takes as its starting point formal and aesthetic features of the text, rather than the debate about its place in the discourse of normalization on which most critics have focused. Williams argues that the form of the text – the juxtaposition of private sources and documentary material – makes the brother's responses to his experiences on the eastern front representative and therefore serves to illuminate a set of values rather than an individual. In Chapter Eight, Williams illustrates that Timm's most recent work, *Der Freund und der Fremde*, is not just a literary memorial to Benno Ohnesorg but also a revealing autobiographical text. Here, too, Williams argues, the form is crucial: Timm's orchestration of separate sections of text is part of his treatment of the theme of memory. As in previous volumes of the series, the book concludes with a full bibliography.

Abbreviations

Full bibliographical details appear in Chapter Nine.

The following abbreviations refer to the editions stated in brackets after the titles and are valid for each of the chapters in this volume unless otherwise stated.

M	*Morenga* (1982)
HS	*Heißer Sommer* (1985)
S	*Der Schlangenbaum* (1989)
EE	*Erzählen und kein Ende* (1993)
J	*Johannisnacht* (1996)
V	*Vogel, friß die Feige nicht* (1996)
NM	*Nicht morgen, nicht gestern* (1999)
R	*Rot* (2001)
B	*Am Beispiel meines Bruders* (2003)
FF	*Der Freund und der Fremde* (2005)

1

Dankrede

UWE TIMM

Sehr verehrter Herr Oberbürgermeister,

meine sehr verehrten Damen und Herren,

als ich vor ein paar Wochen die Nachricht bekam, dass mir die Jury den Jakob-Wassermann-Literaturpreis zuerkannt hatte, da wusste ich zwar, wer Jakob Wassermann war, einer der bekanntesten deutschen Schriftsteller in den zwanziger Jahren, gelesen aber hatte ich von ihm nichts. Als Schüler, als Student habe ich aus jener Zeit Thomas Mann, Heinrich Mann, Alfred Döblin gelesen, um nur einige zu nennen, aber eben nicht Jakob Wassermann.

Kein benennbarer Grund hat mich daran gehindert, es sei denn der, dass ich in meinem Bekanntenkreis niemanden hatte, der mir Wassermann ans Herz gelegt hätte. Und das belegt einmal mehr, dass Wassermann nicht zu dem Literaturkanon an der damaligen Universität gehörte. Er ist einer jener Autoren, deren Lektüre durch das Verbot während der Nazizeit nicht nur unterbrochen, sondern dauerhaft gestört wurde. Wobei seine Nichtbeachtung nach 1945 politische und psychologische Gründe hatte.

Die in der Nazizeit verbotenen und geächteten Autoren, insbesondere die verfolgten Juden, erinnerten die Nachkriegsdeutschen zwangsläufig an die begangenen Verbrechen und die selbstverschuldete Katastrophe. Das Gefühl der Peinlichkeit, mit denen man ihnen begegnete, sofern man ihnen noch begegnen konnte, übertrug sich auf ihre Bücher. Man nahm sie nicht gern zur Hand. Sie konfrontierten den Leser mit dem eigenen schlechten Gewissen. Die Bücher, die Romane, Gedichte, Essays waren ja verbrannt worden, um einen kritischen Geist auszulöschen, zu dem man sich selbst nicht bekannt hatte. Wir kennen das Diktum Heines, dass, wo Bücher verbrannt werden, bald auch Menschen brennen. Einer, der diese Gefahr früh gespürt hat, war Jakob Wassermann. In seinem autobiographischen Essay *Mein Weg als Deutscher und Jude* erzählt Jakob Wassermann von einer dreifachen Not. Da ist die Armut, in der er aufwächst, sodann der Mangel an Liebe nach dem frühen Tod der Mutter, der durch keine äußere Zuwendung oder Bestätigung ausgeglichen werden kann, denn von außen schlägt ihm, dem Juden, nur Ablehnung entgegen. Dennoch hat sich Wassermann und das ist eine ganz erstaunliche Leistung, die er selbst stolz immer wieder hervorhebt, als Autodidakt fortgebildet und zu dem erfolgreichen Schriftsteller entwickelt. Thomas Mann, der dieses Buch gelesen hat und es in einem Brief an den Freund Wassermann lobt, tut das mit der Einschränkung, es sei alles doch in einem arg schwarzen Licht gesehen, insbesondere der deutsche Antisemitismus. 'Ist nicht doch viel dichterische Hypochondrie im Spiele?' Worauf Wassermann in seiner Antwort auf die Unvergleichbarkeit der Erfahrungen, seiner und der Thomas Manns, hinweist: 'Was hätten Sie empfunden, wenn man aus Ihrem Lübecker- und Hanseatentum ein Misstrauensvotum konstruiert hätte? Das Gegenteil war der Fall, geehrt wurden Sie deshalb'.

Wassermann hatte bei der Beschreibung der deutschen Wirklichkeit nicht übertrieben, sein Blick war durchaus realistisch, kam aber von einem bestimmten Standort aus, den Wassermann sich nicht selbst gewählt hatte und den zu wechseln ihm nicht erlaubt war, so oft er auch den Wohnort wechseln mochte. Er trug die Erfahrungen aus dem Kleinbürgertum der Provinz mit sich, wo ihm ein dumpfer, gegen jede bessere Einsicht abgedichteter Antisemitismus entgegengeschlagen war. Ein krankhafter Hass, der für jeden eigenen Mangel, jede erfahrene Zurücksetzung die Juden verantwortlich machte. Ein Hass, der einem Selbsthass entspringend, nach etwas sucht, das er stellvertretend vernichten kann. Ein mörderischer Hass. In dem Essay, der 1921 erschienen ist, also 21 Jahre vor der Wannseekonferenz, auf der bürokratisch die Vernichtung der Juden beschlossen wurde, wendet sich Wassermann an einen wohlmeinenden Deutschen, es könnte Thomas Mann gemeint sein, und charakterisiert dessen Haltung folgendermaßen: 'Er meint, dass die Wut der Lärmmacher und Schaumschläger nicht beweisgültig sei für die Gemütsverfassung und sittliche Richtung der Nation; er übersieht aber die Zahl der Opfer; er übersieht, dass es müßig ist, wenn ich mich als Gefangener in einem Raum voll Kohlenoxydgas befinde, mich damit zu beruhigen, dass morgen die Fenster geöffnet werden'.

Wassermann hatte nicht übertrieben, aus Kohlenoxyd wurde Zyklon B, und die prognostische Sensibilität des Autors erschreckt uns, die wir wissen, dass Thomas Mann wie viele andere damals die Gefahr unterschätzten und sie wohl meinend auch noch denen ausreden wollten, die, wie Wassermann, Opfer des alltäglichen Antisemitismus waren. Kein Fenster sollte sich öffnen.

Was mich angerührt hat, an diesem Buch, das ich mir als Student oder Schüler zu lesen gewünscht hätte, ist dieser eindringliche Wunsch Wassermanns, es möge, trotz der Verstocktheit der Deutschen in ihrem Hass, dennoch zu einer Verständigung, zu einem gedeihlichen Miteinander kommen. Wassermann, in der Tradition der Aufklärung stehend, glaubt unbeirrbar, der Mensch trage den Keim des Guten in sich und nur widrige Verhältnisse trieben ihm zum Bösen. Angerührt haben mich in diesem Zusammenhang auch die wunderbaren Beschreibungen der fränkischen Landschaft, die ihm Heimat war, in der er sich geborgen fühlte, auch wenn die Bewohner dieses Landstrichs ihn in ihrer Verblendung geschnitten und zurückgewiesen haben.

Was ist das für eine Nation, die für das eigene Selbstverständnis das Fremde, Andere derart aggressiv ausgrenzt?

Was heißt es, deutsch zu sein? Eine Frage, die sich Wassermann stellte und die er im Titel des Buches – *Mein Weg als Jude und Deutscher* – probeweise beantwortet, stellt sich heute, nach der deutschen Katastrophe, für die Bürger der Bundesrepublik anders. Sie wird – auch dies eine Folge früherer Großkotzigkeit und Selbstüberhebung – aus einer tiefen Unsicherheit heraus gestellt. Und sie wird in letzter Zeit dringlicher gestellt. Das liegt einmal in dem neu zu findenden Selbstverständnis nach der Vereinigung der beiden deutschen Staaten und der damit verbundenen internationalen Souveränität der Bundesrepublik, zum anderen liegt es an der Präsenz von fast sieben Millionen Menschen, von denen viele hier schon lange leben, von den Einwohnermeldeämtern aber immer noch als Ausländer gezählt werden. Man hatte diese Menschen ins Land geholt; man hatte sie zum Arbeiten geholt, meist für schwere oder dreckige Arbeit, und man hatte gehofft, sie verschwänden wieder. Nun sind sie geblieben, und ihre Kinder auch, und haben eben nicht nur eine andere Küche, sondern eine andere Sprache, andere Sitten, andere Religionen. Was ist für die neuen, oft ja weiterhin nur geduldeten Bürger deutsch und was ist es für die, auf deren Geburtsurkunde *deutsch* steht. Was ist das Deutschsein? Es sind die Fragen, die von Politikern und Publizisten gestellt und diskutiert, in Wahlzeiten auf ungute Weise virulent werden. Der Begriff Leitkultur ist – auch unabhängig von den damit anvisierten politischen Zielen – schon deshalb unbefriedigend, weil er, für mich jedenfalls, immer etwas Herdenhaftes assoziert, eine Glocke läutet und das Vieh trottet hinterher. Austausch und Auseinandersetzung impliziert er jedenfalls nicht, dabei sind die doch unabdingbar, will man sich auf gemeinsame Werte verständigen.

Fragt man einen Engländer, was ist englisch, dann differenzieren sich die Antworten ganz selbstverständlich. Es ist wie beim näheren Betrachten der Umrisse Englands, der Küstenlinie der britischen Inseln: Je länger, je genauer man hinsieht, desto mehr löst sich die feste Umgrenzung auf. Wenn man jeden Fels, jeden Stein, jedes Sandkorn betrachtet, gibt es schließlich keinen exakten Umriss mehr.

Und doch gibt es England, also auch das, was englisch ist: die Sprache, die Kultur, die Geschichte. Dass Nordiren oder Waliser sich dazu etwas anderes denken als jemand, der aus London oder Birmingham stammt, ist ebenso geschichtlich zu erklären. Aber unser Mann aus Norwich oder auch aus Warwick kann sich mit seinem Land, seiner Geschichte identifizieren, vielleicht mit der einen oder anderen Einschränkung, was die Kolonialpolitik betrifft, aber doch so, dass über regionale Unterschiede hinweg nationales Selbstverständnis daraus erwächst, insbesondere mit der über Jahrhunderte erkämpften Verfassung. Zu ihr gehört das Königshaus, das immer noch das Recht hätte, im Parlament beschlossene Gesetze abzulehnen, was es seit 300 Jahren nicht getan hat, und auch das ist eine gute Tradition. Und erst aus einer solchermaßen demokratischen Tradition können sich wiederum demokratische Verhaltensweisen zur Mentalität ausprägen, die etwa Fairplay, Understatement und Höflichkeit als Tugenden einschließt. Briten, Dänen, Schweden, Schweizer, Holländer können sich, ohne darum Nationalisten zu sein, mit ihrem Land identifizieren. Sie zeigen Flagge. Man kann es, wenn man durch Dänemark oder Schweden reist, auch sehen. In Dänemark weht in den Gärten und vor den Häusern der Dannebrog, auch oder gerade auch, wenn er zurzeit andernorts verbrannt wird. Übrigens hat Wassermann in seinem, wie gesagt 1921 erschienenen Buch gerade das Verhalten der Dänen gegenüber Juden als beispielhaft hervorgehoben, und auch das wissen wir, es waren Dänen, die ihre jüdischen Mitbürger vor dem Zugriff der Deutschen nach Schweden retteten.

Das Selbstverständnis einer Nation lässt sich auch an ihren Feiertagen ablesen. Der 14. Juli erinnert an den Sturm auf die Bastille, also den Beginn der französischen Revolution. Das Fest wird, wer es je in Paris erlebt hat, auf eine ausgelassene, freudige Weise gefeiert. Ein Volksfest, bei dem etwas von der Lust des utopischen Denkens gefeiert wird: Gleichheit, Freiheit, Brüderlichkeit.

Unser Nationaler Feiertag ist der 3. Oktober. Zwar ist es nicht mehr der Sedantag, benannt nach der Schlacht 1870 in Frankreich, aber es ist doch ein Einigungstag. Wie hieß es damals in Leipzig: Wir sind ein Volk. Auch darin steckt immer noch etwas Völkisches, die Vorstellung der Familie, der Sippe. Hätte man nicht einen anderen Tag finden können, zum Beispiel den Tag, an dem – was Habermas vorgeschlagen hatte – über eine Verfassung dieser neuen Bundesrepublik abgestimmt worden wäre? Das hätte der erste Schritt zu dem oft vergeblich beschworenen Verfassungspatriotismus sein können, ein Patriotismus, bei dem nicht die Nation im Vordergrund steht, sondern die Werte der Menschenrechte und die wären ihrem Wesen nach human und universal. So aber war die Vereinigung nur ein Anschluss, und von vielen, die sich über die neu gewonnene Freiheit freuten, wurde die darauf folgende Abwicklung als kolonialer Akt empfunden.

Was ist deutsch?

Auf die Frage, was mich mit meiner Nation verbindet, habe ich meist auf meinen Reisepass hingewiesen, eine Antwort, die nur dies besagte, man hat mit der Nation, mit deutschen Werten, nicht viel am Hut. Oder die Antwort lautete: Ich bin Hanseat, Hamburger. Auch das ist nur ein Herausreden, denn natürlich ist Hamburg in die deutsche Geschichte eingebunden. Hitler wurde in Hamburg begeistert gefeiert. Auf den Werften wurden Schlachtschiffe und U-Boote gebaut. Die Stadt prosperierte dank der Aufrüstung.

Also was verbindet man mit seinem Deutschsein? Die Kultur und die Sprache. Deutsch wird jedoch auch in der Schweiz gesprochen und auch die Kultur hat vieles mit der Deutsch-Schweiz Gemeinsames, aber eben eines – und das ganz entschieden – nicht, diese kontaminierte Geschichte des letzten Jahrhunderts. Das offizielle Österreich hatte sich aus dieser Geschichte stehlen wollen, mit dem Hinweis, es sei 1938 das erste Opfer der Deutschen Annexionspolitik geworden. Bis es zu dem Fall Waldheim kam und man sich der Begeisterung vieler Österreicher bei der Annexion erinnerte, auch daran, woher viele, sehr viele der hohen Nazis, zu allererst Adolf Hitler, kamen. Von heute auf morgen, buchstäblich, wurden die Juden nach dem Einmarsch der deutschen Truppen drangsaliert und vertrieben. Egon Schwarz, einer der Vertriebenen und heute ein bedeutender amerikanischer Germanist, beschreibt es in seiner Biografie: *Unfreiwillige Wanderjahre*. Solche Feststellungen können die deutsche Schuld nicht verlagern oder verkleinern, sie weisen nur auf eine gemeinsame, lange Tradition hin, die des Antisemitismus.

Wassermann beschreibt die daraus folgende Exklusion, dieses stetig vermittelte Gefühl, nicht dazu zu gehören, ausgegrenzt zu sein, eine Schmach, die nicht durch berufliches Können, nicht durch die Beherrschung der Sprache, nicht durch Anstand, Ehrlichkeit, Hilfsbereitschaft, also durch nichts aufgehoben werden kann, weil sie von der Abstammung hergeleitet wird, von der Blutsverwandtschaft ausgeht, eine Staatsangehörigkeit, die nach dem Prinzip des *Jus sanguinis* definiert ist. Es ist eine Leistung der Rotgrünen-Koalition, dieses Gesetz in ein *Jus solis* umgewandelt zu haben, bei dem die Staatsbürgerschaft von dem Geburtsort bestimmt wird.

Sicherlich, seit der Zeit, in der Wassermann in Deutschland lebte, hat sich einiges – vieles – geändert, dennoch wären heutige Vorurteile gegenüber Minderheiten zu prüfen, beispielsweise an dem Verhalten gegenüber türkischen Zuwanderern oder Afrikanern, etwa bei der Vergabe einer Arbeitsstelle oder einer Mietwohnung. Die Erfahrungen zeigen, dass im Alltag Zurücksetzungen stattfinden, die sich durchaus zu Gewalttätigkeiten steigern können. Als in Rostock Brandsätze in Asylbewerber Heime geworfen wurden, davor der grölende Mob, glichen die Bilder denen aus der Pogromnacht vom 9. November 1938. Allerdings, und das macht den wesentlichen Unterschied aus, haben Hunderttausende dagegen mit Lichterketten demonstriert, Freiwillige haben nachts die Wohncontainer der Asylsuchenden bewacht. Bürgerinitiativen entstanden, die nicht nur verbal für Minderheiten eintreten, sondern für deren Rechte aktiv werden. Ein Bürgersinn, der nicht Gehorsam als hohe Tugend setzt, was sich sprachlich in der Floskel *geht in Ordnung* ausspricht, sondern, wenn nötig, mehr zivilen Ungehorsam leistet, gerade dann, wenn staatliche Macht sich allzu selbstverständlich aufbläht. Es wäre ein nationales Selbstverständnis, das sich aus der Negation versteht, aus der geschichtlichen Schuld, der Erfahrung dessen, was als *Zivilisationskatastrophe* bezeichnet wird. Es wäre ein Selbstverständnis, das die eigene nationale Identität, nicht aus einem herabsetzenden Vergleich mit anderen gewönne, sondern aus dem Wissen, eine problematische Geschichte zu haben. Damit wäre auch die Überwindung eines emotional aufgeladenen Begriffs von Nation möglich, zugunsten eines eher nüchternen, – also doch lieber der Hinweis auf den Reisepass, als auf die Heroen der deutschen Kultur, die, je bedeutender sie waren, desto stärker auch internationale literarische, musikalische oder wissenschaftliche Einflüsse aufnahmen. Es wäre ein nationales Selbstverständnis der Reflexion, nicht der emotionalen Selbstgewissheit. Ein Selbstverständnis das auch auf Zukunft gerichtet wäre. Dazu gehören könnte eine heuristische Freude an Projekten, die nicht allein auf eine Maximierung von Geld und Erfolg zielen, sondern darauf, Methoden zu entwickeln und Erkenntnisse zu sammeln, mit deren Hilfe Armut und Not bekämpft werden könnten. Eine verantwortliche Solidarität mit den Armen im Land und in der Ferne anderer Länder. Freundlichkeit im Umgang miteinander und eine selbstkritische Gelassenheit. Hilfsbereitschaft. Das meint nicht nur, die auf der Straße liegenden Fahrräder aufzuheben, alten oder gebrechlichen Menschen Plätze in den Straßenbahnen anzubieten. Stammtischredner geben der 68er Generation die Schuld an einem allgemeinen Verfall der Sitten. Die konstatierbare Rücksichtslosigkeit und Brutalisierung im Alltag erscheint mir jedoch eher eine Folge des Neoliberalismus zu sein, sie ist Resultat einer Konkurrenzgesellschaft, in deren Mittelpunkt allein Erfolg und Profit stehen und damit auch die Angst vor dem Scheitern. Vielleicht wäre eine Rückbesinnung auf das, was nicht nur 68er bewegte, notwendig, auf gegenseitige Hilfe, Solidarität mit allen, die ausgebeutet, drangsaliert, erniedrigt werden. Das müsste nicht immer mit angestrengtem Ernst betrieben werden, sondern könnte etwas Spielerisches haben. Ein Ausprobieren von Möglichkeiten, und selbst im Misslingen könnte noch etwas lustvolles Utopisches aufscheinen.

Vielleicht wäre diese Leichtigkeit, auch die Selbstironie, eben das, was Jakob Wassermanns Feststellung über den Deutschen: 'Liebe zu erwecken hat er nirgends verstanden' korrigieren könnte. Vielleicht könnte eine Nation, die so freudlos erscheint, sich öffnen und von den anderen Nationen nicht nur geachtet, sondern auch gemocht werden.

Das sind viele Konjunktive, aber der Konjunktiv, den wir, wunderbarerweise, noch im Deutschen haben und zu dessen Vorteil, wie ich finde, der Konjunktiv wird grammatikalisch als irreale Aussage definiert, aber auch als etwas im Bereich des Möglichen, Wünschenswerten. Ein relativ leicht erfüllbarer Wunsch, der ein wenig helfen könnte, das andere Wünschenswerte voranzutreiben, wäre, dass die Bücher von Jakob Wassermann die ihnen gebührende Aufmerksamkeit bekämen. Und jetzt zum Schluss ohne Konjunktiv, bedanke ich mich für den Preis, der die Lektüre Jakob Wassermanns einschloss. Der Stadt Fürth ist es zu danken, dass mit diesem Preis dem Autor Wassermann eine literarische Heimat gegeben wird. Ich bedanke mich bei den Juroren und bei der Stadt Fürth, deren Gast ich sein darf, und Ihnen danke ich, dass Sie gekommen sind.

2

Uwe Timm: Outline Biography

DAVID BASKER

1940	Uwe Timm was born on 30 March in Hamburg.
1943	Timm and his mother were evacuated from Hamburg to stay with relatives in Coburg. Timm's older brother, who had volunteered for the SS, died in a field hospital in Ukraine.
1946	Timm and his mother returned to Hamburg where his father, having been released from imprisonment by the British, started a business as a furrier. Following intital success through the early 1950s, the business fell into debt. Timm completed the initial stages of his education but left school at the earliest opportunity to pursue an apprenticeship as a furrier and take over the family business.
1961	Having paid off the family debts, Timm returned to education, studying for his *Abitur* at the Braunschweig-Kolleg. Benno Ohnesorg was a fellow student.
1963	Timm completed his *Abitur* at the Braunschweig-Kolleg.
1966	Timm spent a year studying in Paris.
1967	Timm began studying philosophy and German literature. At the same time, he became politically active in the *Sozialistischer Deutscher Studentenbund* (SDS).
1970	Timm began a three-year period studying sociology and economics in Munich.
1971	Timm received his doctorate for the dissertation *Das Problem der Absurdität bei Albert Camus*. Publication of his first volume of poetry *Widersprüche*. Co-founder of the *Wortgruppe München* and editor of the literary journal *Literarische Hefte*.

1972	Timm became co-editor of the *AutorenEdition*, a post he continued to hold until 1982. The press took editorial and publication decisions through a collective editorial structure. Timm's first three novels appeared with the *AutorenEdition*.
1974	Publication of Timm's first novel, *Heißer Sommer*, set at the height of the student movement.
1978	Publication of *Morenga*.
1979	Timm was awarded the *Literaturpreis der Stadt Bremen* for *Morenga*.
1980	Publication of *Kerbels Flucht*.
1981	Publication of the children's book *Die Zugmaus*. Timm spent several months as writer-in-residence at the University of Warwick, then moved to live in Rome for a two-year period.
1983	Publication of the children's book *Die Piratenamsel*.
1984	Publication of *Der Mann auf dem Hochrad*.
1986	Publication of *Der Schlangenbaum*.
1989	Publication of the children's book *Rennschwein Rudi Rüssel* and of the autobiographical text *Vogel, friß die Feige nicht. Römische Aufzeichnungen*.
1990	Award of the *Deutscher Jugendliteraturpreis* for *Rennschwein Rudi Rüssel*.
1991	Timm held the *Paderborner Gastdozentur für Schriftsteller*. Publication of *Kopfjäger*.
1993	Publication of *Die Entdeckung der Currywurst*. Publication of Timm's Paderborn *Poetikvorlesungen* as the essay collection *Erzählung und kein Ende*. Award of the *Bayerischer Filmpreis* for the film version of *Rennschwein Rudi Rüssel*.
1994	Timm was writer-in-residence in the Centre for Contemporary German Literature at University of Wales Swansea.
1995	Publication of the children's book *Der Schatz auf Pagensand*.
1996	Publication of *Johannisnacht*.
1998	The television film *Die Bubi Scholz Story*, for which Timm wrote the script, was broadcast.
1999	Publication of the collection of short stories *Nicht morgen, nicht gestern*.
2000	Premiere of the film *Eine Handvoll Gras*, for which Timm wrote the script.

Award of the *Kinderbuchpreis* for *Rennschwein Rudi Rüssel*.
2001 Publication of *Rot*.
Awarded the *Großer Literaturpreis der Bayerischen Akademie der Schönen Künste* and the *Tukan-Preis der Landeshauptstadt München*.
2002 Award of the *Literaturpreis der Landeshauptstadt München*.
Timm appointed as the *Stadtschreiber von Bergen*.
2003 Publication of *Am Beispiel meines Bruders*.
Award of the *Schubart-Literaturpreis* and the *Erik-Reger-Preis*.
2005 Publication of *Der Freund und der Fremde*.
2006 Award of the *Jakob-Wassermann-Preis*.
Award of the *Premio Modello* of the city of Palermo for *Rot*.
Award of the *Premio Napoli* for *Am Beispiel meines Bruders*.

3

'Selbstdeutung und Selbstfindung':
Gespräch mit Uwe Timm

RHYS W. WILLIAMS

RW: Das ist heute die Fortsetzung von einem Gespräch, das wir vor sieben Jahren in Swansea angefangen haben. In der Zwischenzeit hast du relativ viel veröffentlicht: *Rot, Am Beispiel meines Bruders, Der Freund und der Fremde*, sowie der Erzählband *Nicht morgen, nicht gestern*. Hat sich dein Schreiben in dieser Zeit in eine bestimmte Richtung entwickelt?

UT: Ja, der Roman *Rot* ist Teil einer Trilogie, einer Berlin-Trilogie. Der erste Band ist *Johannisnacht*. Er spielt in Berlin und hat einen Subtext: Shakespeares *Sommernachtstraum*. Das ist der Tag, an dem alles drunter und drüber geht, der Tag der Verwandlungen und Metamorphosen. An eben dem Tag im Jahr 1995 wurde der Reichstag in Berlin von Christo verkleidet. Es ist ein Buch der Verwechslungen, der Täuschungen. Der zweite Band ist *Rot*, die Geschichte eines Beerdigungsredners, der im Sterben liegt. Und an dem dritten Band arbeite ich jetzt gerade. Ein 'work in progress', das noch keinen Titel hat. Aber ich kann so viel verraten: Ich bleibe den Toten treu.

RW: Und dieser neue Roman spielt ebenfalls in Berlin?

UT: Ja, mich interessiert der Invalidenfriedhof in Berlin, der so tief in die preußische Geschichte hineinreicht. Den Friedhof hat Friedrich der Große für seine Invaliden anlegen lassen. In der Folgezeit wurden dort Preußens Glanz und Gloria begraben, später auch einfache Leute. Auch Männer aus dem Widerstand, die 1943 erschossen wurden, liegen dort. Aber eben auch Reinhard Heydrich, der Stellvertreter Himmlers, wurde dort begraben. Heydrich wurde ja in Prag von tschechischen Soldaten, die von

England eingeflogen worden waren, angegriffen und durch eine Bombe verletzt. Er starb an seinen Verletzungen und wurde mit großem Pomp beigesetzt. Auf dem Friedhof liegen viele Jagdflieger: Richthofen, Udet, Mölders. Wenn man so will, drängt sich dort ein Teil der deutschen Geschichte zusammen, und zwar die gewaltsame.

RW: Kommen auch in diesem Roman dieselben Figuren vor? Der Beerdigungsredner erscheint zum ersten Mal in *Johannisnacht*.

UT: Ja, er wird wahrscheinlich auch in diesem letzten Roman vorkommen. Damit ist das Projekt, das ich für mich die Berlin-Trilogie nenne, abgeschlossen. Alle drei Romane spielen in Berlin. Es gibt eine eher komödienhafte Fassung, mit dem *Sommernachtstraum* als Subtext, der zweite Roman ist eher tragisch, wenn auch mit komischen Aspekten. Es gibt Referenzen zu *Hamlet*. Und der dritte Teil ist dieses Buch, an dem ich arbeite, das noch keinen Titel hat und gewissermaßen in der Unterwelt spielt.

RW: Ein Beerdigungsredner hilft, etwas zu begraben, aber er bringt paradoxerweise auch das Begrabene, das Vergangene ans Licht. Die Vergangenheit wird sozusagen vergegenwärtigt durch diesen Prozess. Bist du deshalb auf Thomas Linde als Erzähler gekommen?

UT: Ja, genau. Ich denke, das ist für mein literarisches Verständnis ganz zentral: Ich verstehe Literatur als Selbstdeutung und Selbstfindung. Und dazu gehören ganz wesentlich das Erinnern und das Erzählen. Beides ist die Vorraussetzung für eine Selbstdeutung des Subjekts, aber auch einer Gesellschaft. Jedes Individuum hat seine Geschichte und ist eingebunden in die Geschichte der Epoche. Der Beerdigungsredner ist einem literarischen Erzähler vergleichbar. Er erzählt von der Vergangenheit, die er im Erzählen wieder in die Gegenwart holt. Auf eine eigentümliche Weise deutet er die Einzelschicksale aus, versucht im Leben der Verstorbenen einen Sinn zu finden, ohne einen göttlichen Sinn zu bemühen. Es gibt keine Transzendenz, nur dieses gelebte Leben. In *Rot* hat Thomas Linde alle Freiheit der Deutung über das gelebte Leben, er kann sogar retuschieren, schönen oder lügen – was er sich vorgenommen hat, nicht zu tun. Es ist eine Form der Hermeneutik, die da stattfindet.

RW: Und die Vergangenheit ans Leben zu bringen, zu beleuchten. Es gibt die bekannten Zeilen von T. S. Eliot aus den *Four Quartets*, auf die du in *Der Freund und der Fremde* verweist: 'Time present and time past are both perhaps present in time future, and time future contained in time past'. Ist das für dich thematisch, wie auch strukturell wichtig?

UT: Ja, das ist genau der Punkt. Das ist ein Zurückholen ins Leben, die Schatten fangen an sich in der Sprache zu bewegen, bekommen Fleisch und Blut. Es ist interessanterweise in zwei ganz großen klassischen literarischen Vorlagen ausgebildet, einmal in der *Odyssee*, als Odysseus in den Hades kommt und dort auch mit den Toten, unter anderem mit Achill, spricht. Achill sagt: 'Lieber ein Ackerknecht sein als der berühmteste Held in der Unterwelt'. Und das Motiv wird von Vergil in der *Aeneis* wiederaufgenommen, da ist auch ein Rückstieg. Aeneas der von der Sibylle in die Unterwelt geführt wird, auch das ist ein Erinnern und zugleich der Ausblick. Zeit wird in der Dichtung aufgehoben. Und ich wünsche mir, dass das auch in diesem Buch geschieht. Es sind sehr unterschiedliche Stimmen, die da zu Wort kommen. Ich würde mir wünschen, dass man es laut liest, dass es eine Verlebendigung der Vergangenheit ist.

RW: Berlin als Schauplatz: Hat dieses Milieu mit der Berliner Republik zu tun, mit der Tatsache, dass Berlin in der zeitgenössischen deutschen Geschichte eine neue Rolle gefunden hat?

UT: Ich denke ja. Also, das Projekt ist sicherlich älter, ich habe das konzipiert, als noch nicht entschieden war, dass Berlin wieder Hauptstadt werden sollte. Berlin ist ein Zentrum deutscher, europäischer Geschichte wie kaum eine andere Stadt. Und diese Geschichte ist weit prekärer als die von London oder Paris. Allenfalls vergleichbar wäre Moskau. Da ist der Zweite Weltkrieg, der von Berlin ausging. Der Holocaust, der dort geplant und organisiert wurde. Und die Stadt trägt ja auch bis heute sichtbar die Narben. Man kann immer noch die Einschüsse an den Häusern sehen. Dann die Neubauten, die dort stehen, wo früher mal das Reichssicherheitsamt war, oder die Reichskanzlei. Die Bunker, die neben Wohnblocks stehen. Die Geschichte ist gegenwärtig, zumindest das, was im zwanzigsten Jahrhundert bestimmend war.

RW: Die Berliner Mauer steht nicht mehr und man muss schon hartnäckig suchen, um die Mauerreste zu finden. Kann man die Geschichte so einfach wegretuschieren?

UT: Nein, natürlich nicht. Interessanterweise verlief die Mauer über den Invalidenfriedhof. Dort wurde der erste 'Republikflüchtling' erschossen. Und auch der erste DDR-Grenzsoldat wurde dort von der Westberliner Polizei erschossen. Nach der Vereinigung wurde die Mauer abgerissen. Jetzt wurde wieder ein Stück rekonstruiert. Der Ort ist ein Schnittpunkt der deutschen Geschichte. Die Grabsteine, die zum Teil eingeebnet worden waren, kommen auch plötzlich wieder aus dem Boden. Gleichsam eine Auferstehung der preußischen Generäle.

RW: Ist das ein Zeichen der Wiederentdeckung Preußens?

UT: Ja, die preußische Vergangenheit lässt sich nicht von unserer Geschichte abtrennen.

RW: Man könnte vielleicht *Rot* als eine Beerdigung der sechziger Jahre deuten. Ist das tatsächlich ein Versuch, die bewegte und bewegende Zeit der Studentenunruhen zu beerdigen?

UT: Zum Teil ja. Also nicht in dem Sinn von begraben und vergessen, sondern indem diese Zeit in der Erinnerung aufgehoben werden soll. Das ist so, wie ich mir eine gute Beerdigungsrede vorstelle, in der die Verdienste und die Möglichkeiten nochmal rekapituliert werden, und auch die Fehler natürlich. Sie sollen bewahrt werden, was ja auch im Wort aufgehoben steckt.

RW: Mit Ironie?

UT: Ja, mit ironischer Distanz natürlich, und nicht sentimental. Das war genau dieses Vorhaben. Das nochmal zu zeigen, welche Möglichkeiten, welche Potentiale da waren – und die waren ja da, ganz wichtige, 68, für mich persönlich und für viele meiner

Generation. Das ist wirklich der demokratische Schnitt gewesen, als von Innen heraus eine demokratische Entwicklung eingefordert und vorangetrieben wurde. Der andere Einschnitt in der deutschen Geschichte, 1945, die Nachkriegsdemokratie wurde sozusagen von Amerika und Großbritannien oktroyiert, oft gegen den Willen der Vätergeneration. 1968 ist daher ganz wichtig, und das ist deshalb ein Teil von *Rot* – es ging mir darum, das noch einmal zu rekapitulieren, auch zu zeigen, wann und wie diese antiautoritäre Bewegung an ihr Ende gekommen ist, zum Teil auch gescheitert ist. Was blieb von der schönen Utopie? Ich wollte dem Nachgehen, wie sich die Emotionen, die Hoffnungen verändert haben, was aus den Leuten geworden ist, die einmal aufgebrochen waren, die Welt zu verändern.

RW: Und diese farbigen Suhrkamp-Bändchen enden im Antiquariat.

UT: Ja. Marx sagte, die Geschichte wiederholt sich als Farce. Vor kurzem traf ich jemanden, der ein Feature über Recycling gemacht hat. Er erzählte mir, dass eine Zeit lang Schiffe von Rotterdam abgingen, in denen die Mao-Bibeln zu Hunderttausenden aus Europa nach China zurückgefahren wurden, und dort wurden sie eingestampft und aus dem Altpapier wurden Schreibhefte gemacht, die wieder nach Deutschland geliefert wurden. Das ist Geschichte als Farce.

RW: Und Ullrich Krause endet als Antiquar.

UT: Richtig, in Anklam als Antiquar. Aber er hebt etwas auf, ich finde, dass Antiquare etwas Wichtiges leisten. Er pflegt ein Stück Geschichte.

RW: Aber da ist auch etwas Totes, etwas Verstaubtes dabei. Es wird gleichzeitig beerdigt wie ans Licht gebracht.

UT: Die Bücher haben den großen Vorteil den Menschen gegenüber, dass sie nicht gleichermaßen sterblich sind. Bücher sind Vampire. Sie stehen oft grau, vergessen und verstaubt herum. Dann, plötzlich, geht einer hin und greift sich das Buch, vielleicht ganz zufällig, liest hinein, bleibt hängen, liest weiter, und das Buch

Gespräch mit Uwe Timm

wird wieder lebendig. Es saugt das Leben des Lesenden auf. Diese Möglichkeit, das Lebendigkeitspotential von Büchern, ist das Wunderbare, jedenfalls so lange sie da sind und aufgehoben werden. Aber wenn sie als Altpapier in einen Papierbrei verwandelt werden, dann ist Schluss mit dem Vampirismus.

RW: Die jüngeren deutschen Figuren in *Rot* scheinen für die Werte von 68 wenig Verständnis zu haben. Stimmt das?

UT: Ich denke, sie haben nicht die Erfahrungen, die mit den Werten verbunden sind. Das hängt auch damit zusammen, dass von neoliberaler Seite diese Werte bekämpft werden. Sie werden mit Werteverfall, Leistungsverweigerung, Bildungsmisere in Zusammenhang gebracht. Herr Westerwelle, Parteichef der FDP, ist ja der Stimmführer dieser Anti-68er-Kampagne. Wobei er immer vergisst, dass er ohne diese Bewegung sich nicht offen mit seinem Freund in Bayreuth zeigen könnte. Die Protestbewegung richtete sich ja nicht nur gegen die autoritäre Vätergeneration, gegen den Vietnamkrieg, gegen die Ausbeutung der Dritten Welt, sondern es war zugleich auch der Versuch, sich selbst zu verändern. Vor allem war es der Wert der Solidarität, der wichtig war. Eben das ist aber ein höchst störender Wert für neoliberale Positionen, die gerade auf den harten Konkurrenzkampf setzen. Da wird Solidarität dann als etwas Sentimentales hingestellt, was letztlich nur den wirtschaftlichen Wettbewerb stört und damit angeblich auch den Menschen schadet. 68 ist ein Phänomen, das viele junge Menschen interessiert. Welche anderen Modelle des Zusammenlebens gibt es, die nicht unter dem Diktat des Geldes, des Profits stehen. Fragen, die immer wieder auf Lesungen gestellt und diskutiert werden. Wie könnte eine andere Gesellschaft, die auf mehr Gerechtigkeit aufbaut, aussehen? Und wie geht man mit der eigenen Vergangenheit um?

RW: Kann man tatsächlich von einer Normalisierung der deutschen Geschichte reden? Ich weiß, dass ein heikles und umstrittenes Thema ist. In diesem Punkt hat Martin Walser von der linken Seite viel Kritik geerntet. Kann die deutsche Gesellschaft wieder normal werden in diesem Sinn?

UT: Ich denke mal, normal kann sie nur im Unnormalen sein. Sie kann insofern normal werden, dass sie mit sich selbst ganz kritisch umgeht und diesen Umgang nicht nach vorgefertigten Mustern, seien diese exkulpierender oder verdammender Art, gestaltet. Gerade den katastrophischen Ereignissen der Geschichte muss man sich immer wieder, auch als Individuum, neu stellen, da darf nichts ausgegrenzt, verdrängt oder relativiert werden bzw. formelhaft erledigt werden.

Martin Walser, den ich sehr schätze, ist missverstanden worden, er hat natürlich nicht gesagt, dass man die Geschichte jetzt irgendwie umschreiben sollte oder dass man sich nicht mehr damit beschäftigen soll. Die Normalität liegt heutzutage darin, dass in aller Regel diese katastrophische Geschichte durchaus im Bewusstsein der Bevölkerung ist. Aber wie geht man damit um, damit nicht etwas im Ritual erstarrt und seine inhaltliche Schärfe verliert. Welches Verhältnis haben zum Beispiel die Zuwanderer in Deutschland zu der Geschichte. Ich meine nicht zu Barbarossa, sondern zu der jüngsten, katastrophalen Geschichte. Gut sieben Prozent der Bevölkerung in Deutschland sind Zuwanderer, also mehrere Millionen. Die haben mit der deutschen Geschichte überhaupt nichts am Hut. Wenn man einer türkischstämmigen Frau, die in der dritten Generation hier lebt, sagt 'Auschwitz', dann kann sie sich überhaupt nicht dafür verantwortlich fühlen, weil sie sagt: 'Mein Großvater kommt aus Anatolien'. Er hatte tatsächlich nichts damit zu tun. Da verändert sich etwas innerhalb des gesellschaflichen Diskurses. Während wir – also ich beispielsweise – in mittelbarer oder unmittelbarer Weise immer noch damit konfrontiert bin. Ich habe keine Schuldgefühle, ich war 1945 gerade fünf Jahre alt geworden, aber doch spüre ich so etwas wie Verantwortung. Die kollektive Erinnerung reicht eben weiter, weit über die eigene Lebenszeit hinaus. Die Ereignisse, die Handlungen werden ja durch das Erzählen tradiert. Und sie werden dabei emotional bewertet. Auch diese Bewertung wird weitergereicht. Daraus entspringt so etwas wie eine Verantwortung, die sich auf spätere Generationen erstreckt. Mein Vater war Soldat, war kein Nazi. Er hat immer gesagt, er habe mit den Verbrechen im Krieg nie etwas zu tun gehabt. Er war bei der Luftwaffe. Aber wir wissen heute, die Wehrmacht war in die Verbrechen verwickelt, vor allem, je länger gekämpft wurde, desto länger konnte die Mordmaschinerie arbeiten. Der Bruder war bei der SS, er war zwar nicht unmittelbar im Holocaust verwickelt, aber in so einer Eliteeinheit, der Totenkopfdivision, die dezidiert rassistisch den Holocaust militärisch vorbereitet hat.

RW: Der Bruder ist selber Opfer gewesen, aber er ist auch ein möglicher Täter. Das passt sehr gut in die Diskussion um die 'Opfer-Literatur' in Deutschland, Literatur, in der die Deutschen zum ersten Mal als Opfer dargestellt werden. Ich denke an *Der Vorleser*, an Grass' *Im Krebsgang* und an Treichels *Der Verlorene*. Diese Bücher zeigen, dass die Deutschen auch Opfer waren. Das Opfer-Thema ist sozusagen literarisch akzeptabel geworden. Bei dir ist das Gleichgewicht behalten: Wir haben ein Opfer, das möglicherweise auch Täter war. Man kann nichts beweisen, man kommt nicht an die Fakten. Der Text geht suchend an diese Frage heran, aber findet keine definitive Antwort.

UT: Ja, richtig.

RW: Es ist bemerkenswert, dass dein Werk jetzt autobiographischer wird – ich meine nicht nur *Am Beispiel meines Bruders* sondern auch *Der Freund und der Fremde*, ein Text, der mehr um dich geht als um Benno Ohnesorg. Wie kommt das zustande? Ist es vielleicht eine Alterserscheinung?

UT: Das ist eine Alterserscheinung, insofern als ich das Alter erreicht habe, wo ich mein eigenes Leben Revue passieren lassen kann. Das Leben wird einem merkwürdig. Es ist die Frage nach den Wahlmöglichkeiten, den Wünschen und den Zufällen, die das Leben bestimmt haben. Wie wurde man der, der man ist? Ich habe mich langsam an dieses Ich, das ich einmal war und jetzt bin, herangeschrieben. Das erste autobiographische Buch ist vor zwanzig Jahren erschienen: *Vogel, friß die Feige nicht oder Römische Aufzeichnungen*. Das ist der erste autobiographische Text, der aber innerhalb des Gesamtkonzepts der letzte sein wird. Irgendwann in den nächsten Jahren werde ich sie zusammenführen: *Am Beispiel meines Bruders* als ersten Teil, dann *Der Freund und der Fremde* und schließlich die vor zwanzig Jahren erschienenen *Römische Aufzeichnungen*. Ich muss etwas ergänzen, dort wo es Verdoppelungen gibt, streichen, aber es wird dann eine zusammenhängende Autobiographie sein. Das Interessante ist, dass der entscheidende

Impuls, über meinen Bruder zu schreiben, das heißt also auch über mich und meine Familie, meinen Vater, meine Mutter, meine Schwester, durch *Rot* und durch diesen Beerdigungsredner gekommen ist. Ich habe mich über die fiktionale Form an die Möglichkeit herangeschrieben, selbst sozusagen als Beerdigungsredner über den Bruder – und das heißt auch über mich – zu schreiben.

RW: Und auch über Benno Ohnesorg.

UT: Ja, genau so auch über Ohnesorg. Zwei Menschen, die tot sind. Und in dem ersten Band wird über Heinar Kipphardt geschrieben, einen guten Freund, der gestorben war. Drei Bücher, dreimal Tote, dreimal Beerdigungsreden oder -schriften, die aber immer auch mit mir zu tun haben. Ich weiß noch nicht, wie es dem Autor im dritten Buch der Berlin-Trilogie ergehen wird.

RW: Vielleicht Stoff für unser nächstes Gespräch.

UT: Ich denke, dieser Schreibanlass zum genauen Nachdenken über den Bruder und über Benno Ohnesorg ist eine unmittelbare Folge von dem Roman über den Beerdigungsredner.

RW: Eigentlich ist Benno Ohnesorg selber ein Schriftsteller, der nicht schreibt. Du hast lange nach seinen Gedichten gesucht, aber anscheinend hat er keine geschrieben.

UT: Das ist schwer zu sagen. Jedenfalls habe ich keine weiteren gefunden, weder der Sohn noch seine Frau hatten welche. So bleibt nur das eine, das in *teils-teils*, dieser Zeitschrift, die wir selbt herausgegeben haben, abgedruckt ist. Die Zeitschrift ist eine Rarität. Wir hatten damals 500 drucken lassen. Die anderen Gedichte, die ich von ihm hatte, sind bei den vielen Umzügen im Laufe der Jahre, der Jahrzehnte verloren gegangen.

RW: Waren sie veröffentlicht?

UT: Nein, sie waren unveröffentlicht, er hat sie mit der Hand geschrieben. Es waren bildreiche, nicht so leicht erschließbare Gedichte. Ohnesorg war ein sehr begabter Mensch, wirklich ein extrem begabter Mensch. Und das Sonderbare ist – für mich völlig unverständlich –, dass er nach Braunschweig offensichtlich nicht mehr geschrieben hat, oder aber dass er das nicht erzählt hat. Er war ein höchst introvertierter Mensch. Er war verheiratet, und die Frau wusste nicht, dass er Gedichte schrieb oder geschrieben hat. Das ist merkwürdig, sonderbar. Alle, die sie kannten, sagten auch, die beiden passten eigentlich nicht gut zusammen. Sie muss eine sehr robuste Frau gewesen sein. Vielleicht passten sie aber gerade deshalb zusammen. Ich habe also nichts finden können. Aber dieses eine Gedicht ist zum Glück aufgehoben, durch die Zeitschrift, die wir damals gemacht haben. Ohnesorg war für mich wichtig, durch ihn bin ich mit der französischen Lyrik der Moderne konfrontiert worden, und wir haben gemeinsam Camus und Sartre gelesen.

RW: Ihr habt also zusammen den Existentialismus entdeckt?

UT: Ja. Das ist eben das Interessante. Ich habe den Eindruck, dass in Großbritannien der Existentialismus nicht diese immense Bedeutung hatte wie in Deutschland und natürlich Frankreich. In Frankreich war diese Haltung der radikalen Individualität eine Absage an alle Gesellschaftsnormen. Es war Ausdruck eines radikalen Protestes gegen die deutsche Besatzung und gegen die französischen Kollaborateure. Der Existentialismus war eine Form des Widerstands. In Deutschland waren ja, nachdem der Faschismus von außen besiegt worden war, viele ehemalige Nazis wieder in Amt und Würden gekommen, in der Exekutive, der Justiz, dem Militär, der Wirtschaft. Es war die Tätergeneration, die sich wieder in der Macht eingerichtet hatte. Der Existentialismus, der die Eigenverantwortung in den Mittelpunkt stellt, war die Negation einer Gesellschaft von Tätern und Mitläufern. Eine Verweigerung im Ästhetischen, im Moralischen, auch gegenüber den anderen gesellschaftlichen Normen. Im Nachkriegsfrankreich gab es einen falschen Mythos, den der Selbstbefreiung, den das alle Franzosen in der Résistance waren. Camus hat ja in der Résistance mitgearbeitet. Der Existentialismus richtete sich eben auch gegen die Heuchelei einer Gesellschaft, die mit dem Faschismus paktiert hatte.

RW: Die Idee, dass man sich selbst rekonstruieren konnte, dass man aufhören konnte, ein Feigling zu sein, indem man sich plötzlich tapfer benimmt, ist natürlich eine sehr schöne These in dieser Zeit. Man konnte sich sozusagen neu erfinden. Der Einfluss von Camus – diese 'indifférence', diese Gleichgültigkeit, diese gespielte Kühle in Verhältnissen – ist tatsächlich passiert?

UT: Ja.

RW: Und machst du dir Sorgen im Nachhinein, dass diese erfundene Haltung dich zu einem nicht sehr sympathischen Mann gemacht hat?

UT: Mein Verhalten gegenüber Frauen und Freunden war nicht unfreundlich, aber es war problematisch, insofern es der Versuch war, Gefühle, Empathie so zurückzudämmen, dass sich etwas Elitäres, Unverbindliches, Distanziertes herausbilden konnte. Neben dem Wunsch nach Freiheit stand natürlich auch der – uneingestandene – Wunsch nach Unverletzbarkeit. Diese Haltung ist tatsächlich durch 1968 aufgelöst worden. Die Protestbewegung war genau das Gegenteil, es war wichtig, dass man sich plötzlich öffnete, dass man seine Schwächen eingestand, dass man den anderen spontan half. All das ist eben in 68 aufgebrochen worden. Viele meiner Generation, fast alle, die ich kenne, sind zunächst durch den Existentialismus durchgegangen. Man muss das historisch verstehen. Der Existentialismus hatte etwas Positives, weil er sich gerade von den Gefühlen, die vom Staat propagiert worden waren – Tapferkeit, Gehorsam, Heimatliebe, diesem ganzen Kram – absetzte. Er insistierte auf die Freiheit, des kritischen, selbständigen Subjekts gegenüber dem nationalen, dem gesellschaftlichen Kollektiv. Das ist die Erfahrung von Camus damals gewesen – deutsche Besetzung, Nazis, Kollaboration – und unsere Erfahrung nach dem Krieg in Deutschland, wo die alten Nazis wieder zu Amt und Würden kamen. In *Der Freund und der Fremde* wird ein Mann namens Fränkel erwähnt. Fränkel war 1962 Generalbundesanwalt geworden, der höchste Ankläger in der Bundesrepublik. Der Mann hatte in der Nazizeit in Urteilen auf Strafverschärfung, also für die Todesstrafe votiert, in einem Fall sogar gegen das Votum Freislers. Er war für fünfzig Todesurteile verantwortlich. Er musste, als das Material von der DDR vorgelegt wurde, zurücktreten. Er hatte einen geradezu grotesken Vornamen – Wolfgang Immerwahr Fränkel. Das sind die fünfziger, sechziger Jahre. Niemand hatte etwas von dem Massenmord an Juden und Zigeunern gewusst. Alle hatten nur Befehle ausgeführt. Diese 'indifférence', diese Distanz war also etwas, was sich gegen diese gefühlige Stimmung 'wir bauen auf', 'wir waren alle tapfer', 'wir haben nichts davon gewusst' absetzte.

RW: Und das wird im Nachhinein kritisch beleuchtet in dem Buch.

UT: Ja, das hat eine andere Seite. Diese Distanz, diese 'indifférence' hat eine positive Seite, aber im Verhalten gegenüber Mitmenschen ist sie eher negativ. Es war einfach elitär.

RW: Die Frauengestalten in deinen Büchern scheinen eine andere Einstellung gegenüber der Nazizeit zu haben, die Mutter in *Am Beispiel meines Bruders* und *Der Freund und der Fremde* zum Beispiel.

UT: Ja, das stimmt. In der Familie hatten sowohl meine Großmutter als auch meine Mutter ein sehr distanziertes Verhältnis dazu. Aber das ist auch so ambivalent. Auf der einen Seite fand meine Mutter Uniformen chic, auf der anderen Seite war sie ganz strikt gegen den Krieg, auch gegen die Nazis. Sicherlich keine Frau, die Widerstand geleistet hat, aber doch die einzige, die ich kannte, die sich Vorwürfe machte, dass sie nicht wenigstens gefragt hat, was aus diesen jüdischen Mitbürgern geworden ist, die in der Straße wohnten und im Osten verschwanden. Sie hat sich wirklich Vorwürfe gemacht, die anderen haben gesagt, das wussten wir nicht. Das war der am häufigsten gehörte Satz: Das haben wir nicht gewusst. Aber man hätte es wissen können. Und viele haben es auch geahnt. Und dann dieses: Wir haben Befehle ausgeführt. Keiner übernahm die Verantwortung. Generalfeldmarschall Keitel in Nürnberg: Wir haben nur Befehle ausgeführt. Befehlen und Gehorchen, das war die deutsche Mentalität. Zivilcourage fehlte. Mut, Tapferkeit galten immer nur im Kollektiv. In dem Moment, wo sie im Kollektiv als Soldaten kämpften, Stalingrad, bis zur letzten Patrone und zum letzten Mann. Ein Resultat der deutschen Geschichte, die ihre Einigung 1871 unter dem Primat des

Militärischen fand, dessen Tugenden – Gehorsam, Pflicht, Tapferkeit etc. – auch vom Bürgertum übernommen wurden. Ich kann mich nicht entsinnen, von meiner Mutter, von meinem Vater schon gar nicht, angehalten worden zu sein, nein zu sagen, zu widersprechen, gegenüber Autoritäten, zum Beispiel gegenüber Lehrern. Ziviler Ungehorsam fehlte einfach in der Erziehung. Das ist eine Entdeckung von 68, dass man nein sagt, dass man Autoritäten in Frage stellt, dass man kritisiert und auch protestiert. Die Lust etwas in Frage zu stellen, auch sich selbst in Frage stellen zu lassen. Etwas, was man erst zu gehen lernen muss, diesen Weg ins Offene.

RW: Diese autobiographischen Texte sind auf sehr künstlerische Art zusammengefügt. Das sind Textsorten, die zusammengeflickt sind. Es würde mich sehr interessieren zu wissen, ob du einfach drauflos schreibst, sie dann später zerstückelst und zusammenfugst. Alfred Andersch hat diese Technik verwendet, er hat ganz konsequent erzählt, dann die Texte einfach ineinander geschnitten, auf die Art, wie er bei Faulkner gefunden hatte, mit paralleler Figurenführung.

UT: Das wusste ich nicht, nein, das mache ich nicht. Ich habe natürlich einen ungefähren Gesamtplan im Kopf. Ich suche ganz am Anfang die bestimmte, passende Tonlage, einen Sprachduktus, auch einen Rhythmus. Ich schreibe und verwerfe. Das Schreiben ist von vielen Nein, Nein, Nein begleitet, bis dann plötzlich das eine Ja da ist. Diese vielen Nein begleiten den ganzen Schreibprozess. Und die vielen Nein sind der notwendige Durchgang zu dem einen Ja. Dann findet sich für mich das, was die Wahrheit des Satzes, des gesamten Textes ist. Eine Wahrheit, die nicht beweisbar ist. Die man nicht definieren kann. Und die doch Gültigkeit hat. Für mich und, wie ich hoffe, auch für den Leser. Nein, da ist nichts beliebig ineinander geschnitten, sondern Abschnitte haben sich assoziativ entwickelt, wobei es eine bewegliche Textstruktur ist. Zwei, drei Textstellen habe ich beispielsweise von hinten nach vorn verschoben, weil sie sich dort plötzlich überraschend ergänzten, beziehungsweise einen kontrastierenden Bezug ergaben. Es ist eine Montagetechnik. Und es sollte klingen. Diese autobiographischen Texte sind wie eine Fuge gebaut, musikalisch. Es gibt einen Basso continuo, der durchgeht. In *Am Beispiel meines Bruders* ist es das Tagebuch. Ich habe mir die für mich wichtigen Stellen aus dem Journal ausgesucht, und die folgen der Chronologie des Tagebuchs. Einige dieser Sequenzen werden motivisch wiederholt. Daran angelagert sind die persönlichen Erinnerungssequenzen, die Reflexionen, Zitate aus anderen Texten. Durchaus assoziativ werden die vier Tode behandelt – von Bruder, Vater, Mutter und der Schwester –, die Fuge hat also ihre vier Durchführungen und kommt zu ihrem Ende, wenn der Bruder sich seine Sprachlosigkeit über das Erlebte eingesteht. Eine Grenze, wohin die Sprache nicht mehr reicht.

RW: Uwe, ich bedanke mich herzlich für ein sehr interessantes, sehr ergiebiges Gespräch.

4

Wärmestrom[1]

MARTIN HIELSCHER

Sehr verehrter Herr Oberbürgermeister,

meine sehr verehrten Damen und Herren,

liebe Dagmar, lieber Uwe,

es gibt Autoren, deren Bücher Sie mit Ehrfurcht lesen, deren Bedeutung Ihnen streng vom Feuilleton versichert wird, vor denen Sie respektvoll den Hut ziehen und die Sie doch ziehen lassen. Etwas Brillant-Kühles, allzu Marmornes und In-sich-Verkeiltes strahlen sie aus. Sie hören die Botschaft, allein Ihnen fehlt der Glaube, der Glaube, dass tatsächlich Sie gemeint sind, dass Ihnen etwas mitgeteilt wird und dass Sie als Hörer und Leser wichtig sind.

Und dann gibt es Autoren wie Uwe Timm, den Sie heute mit dem Jakob-Wassermann-Preis auszeichnen: Uwe Timm wird ebenfalls gefeiert und vom Feuilleton hoch gelobt, sein Rang in der deutschen Gegenwartsliteratur und auch international ist unbestritten und in seine Bücher werden Sie sofort hineingezogen. Sie folgen seinen Lesungen gebannt und nehmen an seinen Figuren und Geschichten sofort Anteil. Warum ist das so?

Uwe Timms Romane, *Heißer Sommer*, *Morenga*, *Kopfjäger* oder *Rot*, die Legende *Der Mann auf dem Hochrad* und die Novelle *Die Entdeckung der Currywurst*, die Kinderbücher – am bekanntesten ist *Rennschwein Rudi Rüssel* – und die autobiographischen Bücher – zuletzt *Am Beispiel meines Bruders* und *Der Freund und der Fremde* – hängen in vielfältiger Weise zusammen und bilden in Wirklichkeit ein Geflecht von Beziehungen, Abhängigkeiten und Verwandtschaften – ein Rhizom.

Was diese Bücher auszeichnet, ist ihr Erzählreichtum, die Stimmenvielfalt, die Fabulierfreude, der Humor, ihre Genauigkeit, ihr Engagement und ihre Tiefe. Die Erwachsenenbücher bilden eine Chronik deutscher Geschichte, die das ganze 20. Jahrhundert umfasst, die autobiographischen Bücher reichen in die Abgründe unserer Mentalitätsgeschichte hinab und schaffen einen historischen Echoraum auch für unsere jüngste Vergangenheit. Die Kinderbücher sind burleske, vergnügliche Abenteuer- und Reisegeschichten, in denen die Familie und Freundschaftsbündnisse unter Menschen und Tieren als Gegenwelt zu einer oft unfreundlichen Gegenwart beschrieben werden und sich manifestieren.

Und doch sagt das noch nicht alles über das Besondere dieses Autors, darüber, was Uwe Timms Bücher so anziehend und so wirkungsmächtig macht. Ich möchte es den Wärmestrom seines Erzählens nennen. Erlauben Sie mir eine kleine Abschweifung.

Sie kennen sie vielleicht, die Erzähler auf den arabischen Märkten, um die sich, sobald sie auftauchen, sofort ein Kreis von Zuhörern scharrt, die alles stehen und liegen lassen, jedenfalls für einen Augenblick oder auch eine Weile, um sich unterhalten, bezaubern, in eine andere Welt entführen zu lassen, um zu lachen, zu staunen, um von anderen und doch von ihresgleichen zu erfahren. Der Erzähler berichtet in verschlungenen, kompliziert verschachtelten Episoden seine Geschichten, immer neue Verwicklungen und Abschweifungen bannen die Zuhörer fest, die irgendwann zahlen, etwas geben müssen, um die Fortsetzung zu hören, und so kann es immer weiter gehen. Sie kennen das aus *Tausendundeine Nacht*. Die Zuhörer lachen und rufen, mischen sich ein, beantworten Fragen und schütteln den Kopf, es gibt eine Rückkopplung zwischen ihnen und dem Erzähler. Sie finden ihn noch heute, nach tausend Jahren und mehr, auf dem Djemma el Fna etwa, in Marrakesch, auf dem Platz der Gehenkten. Er hat ein Mikrophon in der Hand, aber sonst ist er der gleiche geblieben. In anderer, zeitgemäßer Form begegnet er Ihnen in den Gestalten von Eminem und Fifty Cent, in den Rappern und Spoken Word-Poeten der Populärkultur.

Sie wissen, irgendwann hat es den Übergang von der gesungenen und gesprochenen Sprache zur Schrift gegeben, und die Kultur des Nahhorizonts, des Alltags und des Pop, die Kultur der Wiederholung und des mythischen Einsseins hat sich von der

Kultur des Fernhorizonts, der Kontemplation, des Nacheinander, der Kultur der Selbstreflexion und der Geschichte geschieden. Vielfältig sind die Übergänge, Vermischungen und Verschränkungen, und in manchen Werken lebt beides in staunenswerter Verbindung fort, in anderen ist vom Zauber mündlichen Erzählens nichts geblieben, und nur die Erhabenheit der Schrift, ihr Verweis auf die Abwesenheit des Erzählten, weht Sie an. Es wird sie nicht überraschen, wenn ich Ihnen sage, dass Sie in den Büchern Uwe Timms beides finden, das archaische, dialogische Erzählen und das kunstvoll-monumentale, monologische, auf die Nachwelt gerichtete Erzählen, das der Schrift bedarf, denn sonst gäbe es die Bücher nicht.

Aber noch fehlt ein wichtiges Element.

Ein Junge sitzt in der Küche seiner Tante, der Tante Grete. Sie wohnt an der Ecke Brüderstraße – Großer Trampgang im Hamburger Gängeviertel. Wegen einer Liebesgeschichte hat sie ihren Mann, einen wohlbestallten Postamtsrat und dessen geräumiges Haus verlassen und lebt nun mit Hans, ihrem neuen Mann, in dieser Wohnung im Gängeviertel. Hans, der Lieblingsonkel des Jungen, ein Tunichtgut, hat viel Zeit für die Kinder, die ihn lieben. Bis zur Währungsreform befindet sich in dieser Gegend Hamburgs der Schwarzmarkt. Bis in die sechziger Jahre gehen hier Hausfrauen und Schulmädchen auf eine Art 'Amateurstrich', ein Milieu, das den Jungen anzieht und interessiert. Manchmal kommt eine der Frauen nach oben, setzt sich in Tante Gretes Küche, trinkt Kaffee, raucht eine Zigarette und redet mit den anderen, die auch nur mal eben reingeschaut haben, dann aber sitzen geblieben sind, weil sie ins Erzählen gekommen sind. Rausschmeißer, Ewerführer, Werftarbeiter, Nutten, Maschinisten, Matrosen, Steuerleute. Der Hafen ist nicht weit, und man hört das Hämmern von den Werften.

In dieser Küche werden alltägliche Geschichten erzählt von Geburten und Toden, Arbeitssuche, Schulden und Abtreibungen, es wird von der Liebe in allen Varianten und äußerst detailliert gesprochen, wilde, ja bizarre erotische Verwicklungen ausgebreitet, es wird vom täglichen Glück und Unglück erzählt, von Verrat und Mord, Unfällen und glücklichen Wendungen, Geschichten wie die vom Trümmermörder, die man heute als 'Wandersagen' bezeichnet.

Wir können uns vorstellen, wie der Junge in einem Sessel sitzt und alles still und aufmerksam verfolgt, im Lauschen zu verschwinden scheint und die Berichte hört, von Schmugglergeschichten bis zu den drastischen Begebenheiten aus dem Liebesleben, in einer lebendigen, kraftvollen, farbigen Sprache. Er hört, wie die gleichen Begebenheiten immer neu erzählt werden, variiert, ausgeschmückt und umgedichtet werden, wie die Wirklichkeit gedeutet und verändert wird, wie die Verhältnisse verkehrt werden, wie Hoffnungen und Wünsche sich manifestieren. Es ist eine Welt voller Wunder, sonderbarer Begebenheiten und seltsamer Charaktere, es wird gelogen und phantasiert, und der Junge spürt die subversive Lust und Energie, die sich in den Geschichten und in der Art, wie erzählt wird, zum Ausdruck bringen. Dies ist das alltägliche Erzählen, das sich in seinen Stoffen und der Bedürfnisstruktur vom archaischen Erzählen auf dem Markt unterscheiden mag, nicht aber in der Form. Dialogisch, auf Augenhöhe, verschachtelt, auf Gratifikation bedacht, zirkulär. Der Junge wird die Geschichten, die er bei Tante Grete hört, weitererzählen, ausschmücken, variieren, neue Pausen setzen, und er wird mit seinen Geschichten um die Liebe und Aufmerksamkeit seiner Freunde und vor allem der Mädchen werben: ein Tauschverhältnis.

Dieser Junge, Sie ahnen es schon, ist Uwe Timm, und die Küche seiner Tante Grete ist der ursprüngliche 'Garten der Erzählung', neben den später der Betrieb tritt, in dem Timm seine Lehre absolviert, eine Kürschnerlehre. Hier liegt das Erzählzentrum seiner Kindheit und Jugend, und bis in die Mikrostruktur hinein nehmen Uwe Timms Bücher das kollektive Erzählen, das Stimmengewirr aus jener Küche, das 'Geflüster der Generationen' in sich auf, die Intention, aber auch die Form jenes Erzählens.

Die Unterbrechungen, Verschiebungen, Abwandlungen, Korrekturen, das Hörensagen, die Vermutungen – all das findet sich in Timms Büchern, von dem *Mann auf dem Hochrad* bis zur *Entdeckung der Currywurst*. Die Subversion, die Wünsche. Zugleich wird das richtungslose, chaotische Alltagserzählen geordnet und auf eine höhere Ebene der Selbsterkenntnis und Selbstreflexion gebracht. Dem modernen literarischen Zweifel an der Erzählbarkeit der Welt wird Rechnung getragen, indem das Brüchige, Phantastische, Fragile und Fragmentarische der erzählten Geschichten gezeigt wird. Und doch wird in der

Rückkoppelung an das kollektive Erzählen aus Mythen, Märchen und Legenden und ihrem Weiterleben im Alltag die einsame Position des modernen, vereinzelten Autors mit seiner Deutungsautorität unterlaufen. Das, meine Damen und Herren, gehört alles zu jenem Wärmestrom des Erzählens, aber was ihn ausmacht, ist noch mehr.

Es ist zugleich ein nach außen gerichtetes Erzählen, der Welt und ihren Wundern zugewandt, dem Leben, den sozialen Kämpfen und erotischen Wirren, den individuellen und kollektiven Lebensmustern. Und noch etwas hat Uwe Timm in dieser Küche zu ahnen begonnen und, wie gesagt, dann auch selbst erlebt: dass Erzählen etwas mit Tausch und Gabe, mit Geld und Sexualität zu tun hat, dass es dem Begehren entstammt und es wiederum zu erwecken vermag, dass es mit Geld und Liebe aufgewogen werden kann und Geld und Liebe verzehrt. Nicht nur das Schicksal seines Cousins Klaus zeugt davon, der tatsächlich wie Peter Walter im *Kopfjäger* seinen späteren Kunden ihr Geld abgeschwatzt, durch das Erzählen unerhörter Geschichten abgeschwindelt und sich mit den veruntreuten Millionen ins Ausland abgesetzt hat. Auch Timm selbst erprobt das Erzählen und seine Wirkung auf die Mädchen früh, beim so genannten 'Geschichtenball'. Die Mädchen wissen es einzurichten, dass er dabei immer wieder drankommt.

Das alltägliche Erzählen bildet die Brücke zwischen dem archaischen Erzählen und dem Monument der Schrift, und für diese Ursprünge und Übergänge, ihre Verbundenheit und ihre Bedeutung interessiert sich Uwe Timm in besonderer Weise. Ich sage Ihnen das, weil alle diese Figuren und Themen in Timms Büchern vorkommen und weil hier, so glaube ich, das Geheimnis seines Erzählens liegt. Die archaischen Erzähler, das ist etwa der Vogelmann, jener Sänger-Tänzer-Erzähler, dessen Figur Peter Walter, der Protagonist von Timms Roman *Kopfjäger*, mit sich führt, das sind auch die Zugochsen, die in Timms Afrikaroman *Morenga* die drei längsten Exkurse, 'Landeskunde' genannt, ausführen. Jene Verknüpfung von alltäglichem Erzählen und literarischem Text, der zum dauerhaften Bedeutungsträger, zum Monument wird, ist geradezu unterschwellig das Thema von Uwe Timms Novelle *Die Entdeckung der Currywurst*, einem seiner erfolgreichsten Bücher. Es ist im übrigen, wie auch der Roman *Kopfjäger*, eine Hommage an Tante Grete und ihre Erzählküche, in der, jedenfalls in der im Roman *Kopfjäger* anverwandelten Erscheinungsform, Lena Brücker, die Entdeckerin der Currywurst, zuerst auftaucht. Denn der Ich-Erzähler der *Currywurst* ist der Autor, der an sieben Besuchstagen im Altersheim der inzwischen erblindeten Lena Brücker die Geschichte von der Currywurst erst abringen, ihre Erzählungen ordnen, begradigen, strukturieren muss.

Aber was bedeutet das alles?

Sie wissen, dass *Die Entdeckung der Currywurst* eine ungewöhnliche Liebesgeschichte erzählt, zwischen Lena Brücker, die in Hamburg in einer Kantine arbeitet, und dem deutlich jüngeren Marinesoldaten Hermann Bremer, der in den letzten Kriegstagen 1945 bei ihr Unterschlupf findet und desertiert. Lena hält ihn fest, verlängert ihr Glück, indem sie durch falsche Berichte und Geschichten verschleiert, dass der Krieg längst zu Ende ist. Und dann, Bremer ist längst fort, entdeckt sie durch einen Unfall die Currywurst mit ihrem paradiesischen Geschmack. Aber durch eine Erzählung Bremers ist sie bereits auf die Wunder dieses Gewürzes gekommen. Der wiederum, Hermann Bremer, hat zwischenzeitlich den Geschmack verloren und gewinnt ihn erst wieder, als er eines Tages, viel später, noch einmal nach Hamburg zurückkehrt und eine von Lena Brückers Currywürsten isst. Sie ahnen schon, dass Erzählen und Schmecken, Sprechen und Lieben viel miteinander zu tun haben und mit der Zunge, die alles verknüpft.

Doch wer ist Lena Brücker?

Sie ist, die genaue Lektüre verrät es Ihnen, Scheherazade, sie ist aber auch eine Zauberin, die den reisenden Soldaten Bremer, der übers Meer kommt, durch Liebe und doch gegen seinen Willen und mit List und Magie an sich bindet, sie ist, Sie ahnen es schon, Kirke, aber auch, blinde Erzählerin und Chronistin des Krieges, Homer, ein weiblicher Homer. Aber das weiß sie nicht. Und auch der Ich-Erzähler weiß es vielleicht nicht, und erst die verdichtete, reiche, vielschichtige und durch die Zeiten und Literaturen, durch die gesprochenen und geschriebenen Geschichten rauschende und sie wie Kristalle wachsen lassende Novelle weiß es und gibt es an Sie weiter, die Sie gebannt lesen und lauschen und ebenso wie der Ich-Erzähler nach etwas suchen. Zunächst einmal nach einer guten, spannenden, bewegenden, aufwühlenden, pointenreichen Geschichte, die einen Wert, auch einen handfesten Wert hat. Eine

Novelle, die auch etwas über die Nachkriegszeit und ihre Hoffnungen und Wünsche, ihre Not und ihre Überlebenstricks erzählt.

Aber was suchen Sie, was suchen wir noch? Was erzeugt jenen Wärmestrom des Erzählens, was ist das Begehren, das es steuert, das wir in Uwe Timms Büchern erkennen können und das noch weiter reicht als Neugier, Lust und der Wunsch nach einem Lebenssinn, obwohl das alles dazugehört?

Erlauben Sie mir einen kleinen Exkurs in die Biographie Uwe Timms.

Uwe Timms Leben als Schriftsteller, sein Werdegang, ist durchaus hart erkämpft, kein glatt verlaufener Bildungsgang. Eine Urszene in diesem Zusammenhang ist der Augenblick in der Schule, als sein damaliger Deutschlehrer, Herr Blumenthal, einen Aufsatz von Uwe Timm vor der ganzen Klasse vorlas, eine acht Seiten lange – sehr phantasievolle – Geschichte, bei der Timm angeblich das Thema verfehlt hatte, und ihn dem Gelächter der Klasse preisgab. Timm konnte nur die Volksschule absolvieren, machte dann auf Wunsch seines Vaters, der ein ursprünglich gut gehendes Pelzgeschäft in Hamburg betrieb, eine Kürschnerlehre. Als sein Vater 1958 plötzlich starb, übernahm der erst 18jährige Timm das inzwischen hoch verschuldete Geschäft, um die Familie zu entschulden. Erst danach konnte er, mit einem Begabtenstipendium versehen, am Braunschweig-Kolleg das Abitur nachholen und anschließend studieren. Am Braunschweig-Kolleg war Benno Ohnesorg, der selber schrieb und später als Student 1967 bei den Anti-Schah-Demonstrationen in Berlin vom Polizeiobermeister Kurras erschossen wurde, sein erster Leser und Freund, der Timm außerdem mit der französischen Moderne bekannt machte.

Diese Umwege und Widerstände, die frühe Verantwortung, auch der wirtschaftliche Erfolg – denn es gelang Uwe Timm tatsächlich, das Geschäft zu entschulden – haben nicht nur einen Themenreichtum, eine Erfahrungsfülle mit sich gebracht, die Timm – und sein Werk – sonst nicht besäßen, sie haben ihn auch menschlich und politisch tief geprägt. Aber es gibt etwas in dieser Arbeit selbst, im Handwerk des Kürschners, in der Atmosphäre, in der gearbeitet wurde, in den Tagesabläufen, das seinem Schreiben tief verwandt ist, es gibt etwas, das auf dieses Schreiben gewartet hat, das schon vorher da war und Timms Schreiben befeuert hat.

Er selbst spricht in seinen Poetik-Vorlesungen von den 'gezeichneten Dingen', auf die seine Literatur reagiere. Die Dinge, das sind die Steinaxt mit den zwei Bohrlöchern, auf die sein Schulaufsatz antwortete, das sind der silberne Zahnstocher auf seinem Schreibtisch, der zum Anlass für die Geschichte vom *Mann auf dem Hochrad* wurde, das sind Napoleons Feldbett oder ein Stück Eisen, das auf Kaiser Wilhelm geschleudert wurde, eine Aktentasche mit Plastiksprengsatz, zwei Granatäpfel unter einem Küchenschrank und der Satz von Diderot, dass man davon ausgehen müsse, dass der Stein denkt. Dinge sind sedimentierte Geschichte, Dinge sind das Andere unserer uferlosen Einbildungskraft, Dinge sind Spuren, Dinge erzählen vom Gebrauch, bergen Geschichten, Dinge sind so rätselhaft da wie die Riesenskulpturen auf den Osterinseln. Das Geheimnis unseres in Wirklichkeit phantastischen, unvorhergesehenen und endlichen Daseins ist in den Dingen, die uns als verlässliche, dienliche Gebrauchsgegenstände und als Spielzeug zur Verfügung stehen uns aber auch plötzlich fremd werden können, auf eine dichte, unerschöpfliche Weise aufgehoben, und es muss nicht zuletzt die Nähe zu dieser Erfahrung gewesen sein, die Uwe Timm dazu gebracht hat, seine Dissertation über die existentialistische Philosophie zu schreiben. Ein Mensch, der von dem Rätsel der Dinge, ihrer scheinbaren Einfachheit und zugleich Verschlossenheit, dem Zeugnis von menschlicher Geschichte, das sie wie ein Konzentrat in sich aufbewahren, so angesprochen, ja angesprungen wird wie Uwe Timm, schreibt anders als ein Mensch, der dieses Zur-Welt-Geöffnetsein nicht kennt.

Seine eigene Poetologie kann man sich in Wahrheit nicht aussuchen, sie ist letztlich eine existentielle Disposition, nicht etwas Intentionales, etwas, das man sich aus guten Absichten zusammen denken würde.

Zu dieser Disposition gehört bei Timm ein unerschöpfliches Bedürfnis nach dem Hören und Erzählen von Geschichten und ein Gehör für die Stimmen, für die Wendungen, Sprachfärbungen, Dialekte und Formeln der gesprochenen Sprache, für die Zwischentöne und das Verschwiegene, ein Sinn für List, Ironie, Humor. Für jemand, der von gesprochener Sprache und ihrer Vitalität so angeregt wird wie Timm, ist Sprache in ihrer Zeichenhaftigkeit nicht etwas Gegebenes, sondern ein Gegenstand des Staunens, ja Stutzens, und von Anfang an sind Timms Romane sprachbewusst, über Sprache reflektierend, von bisweilen sehr komischen Diskursen über die Sprache durchzogen, die Sprache ist rhythmisiert, Elemente des Jazz werden, wie in *Rot*, im Text aufgenommen, umspielt.

Aber zurück zur Frage nach der treibenden Kraft des Timmschen Erzählens. Wer Kinder hat, der weiß, dass sie in der Wahl ihrer Stofftiere, Schmusetücher, Einschlaf-Fetische eine ebenso entschlossene wie gänzlich unableitbare Wahl treffen, eine entschiedene und ganz individuelle Wunsch- und Beziehungsenergie ist hier am Walten, die sich mit der Pubertät in die ebenso individuellen erotischen Interessen einspeist und auffächert. Das Erzählen wird – davon legt gerade Timms Roman *Kopfjäger* beredtes Zeugnis ab – von diesem Zeitpunkt an zweierlei: Es ist Teil einer erotischen Eroberungsstrategie und gleichzeitig der Ort, an dem davon berichtet wird, des Wunderns und Staunens. Denn so unberechenbar Kinder in ihrer Wunschökonomie sind, so anarchisch bleibt die sexuelle Triebkraft auch unter der Glasglocke ihrer zivilisatorischen Bändigung.

Ein so neugieriger, so weltwacher Autor wie Timm hat dies von Anfang an erahnt, erfahren, geteilt, beobachtet, hat sich im Schreiben dem Staunen und Wundern hingegeben und es zugleich reflektiert.

Die Wunschenergie ist es, welche die Menschen in ihrem Handeln bewegt, und weil dieses Handeln in der Zeit geschieht, entschlossen und doch endlich ist, weil die Menschen weder sich selbst noch den anderen ganz verstehen können und, was geschehen ist, eben erst nachträglich bis zu einem gewissen Grad kenntlich wird, werden Geschichten erzählt, müssen Geschichten erzählt werden.

Das, meine Damen und Herren, ist glaube ich der Grund, warum wir Geschichten so dringend brauchen und Erzähler wie Uwe Timm. Die Menschen kennen sich nicht. Sie wissen nicht, wer sie sind. Lena Brücker weiß nicht, wer sie ist. Wir erkennen unsere Wünsche nicht, weil sie zumeist nur maskiert erscheinen und vielleicht sogar nur maskiert in Erfüllung gehen. Wir erkennen uns nicht, weil wir, gefangen in unseren maskierten Trieben, den Zwängen unseres Lebens, der reißenden Flüchtigkeit der Zeit, unseren ehrgeizigen Zielen, der dunklen Gewalt der Selbsterhaltung wie im Nebel stehen. Wir erkennen uns nur im andern. Und wer dieser andere ist und wer dann wir sind, teilt sich uns eben nicht abstrakt mit, sondern nur so konkret wie möglich, in einer 'dichten Beschreibung', die einen Anfang und ein Ende kennt, ein Beziehungs- und Handlungsgeflecht, einen thematischen Schwerpunkt: eine Geschichte. Und nur der zugewandte Erzähler, der etwas vom anderen will und den anderen hört, wird Ihnen etwas über sich erzählen können. Und deshalb hören Sie ihm zu.

Die anderen, die abgewandten Erzähler, lassen Sie kalt, weil sie instinktiv spüren, dass sie sich nicht für Sie interessieren, dass Sie nur die Leinwand für ihre Schattenspiele sein sollen.

Unser sehnlich begehrtes 'Erkenne Dich selbst' meint eben nicht ein ehernes philosophisches Gesetz, hinter dem sich die anthropologische Konstante von der Vergänglichkeit und Flüchtigkeit, der Hinfälligkeit und Bedeutungslosigkeit des menschlichen Daseins verbirgt. Es meint im Gegenteil das von der maskierten Wunschenergie gesteuerte Strukturgesetz jedes einzelnen Lebens und seinen Beziehungsgehalt mit der Welt. Wenn sich einmal der Vorhang der Selbsterhaltung, des Nützlichkeitszwangs hebt, erkennen wir eine andere Beziehung zwischen uns und der Welt, zwischen uns und den anderen und den Dingen, eine, wie Alejo Carpentier es nannte, 'wunderbare Wirklichkeit'. Uwe Timm hat das geahnt, als er in der Küche von Tante Grete seine Lektionen des Erzählens erhielt, er hat sie behalten und verfeinert, und daher lassen wir uns von ihm mitnehmen in jene Wirklichkeit.

Aber dafür müssen die Sinne geöffnet bleiben, dafür muss man, wie Uwe Timm, mit der Sprache die Welt erkunden, ermessen, ausloten, feiern wollen, im epischen Erzählen, während jene, die, mit geschlossenen Sinnen geplagt, mit der Welt hadern, gegen sie anreden, gegen ihre Missratenheit protestieren müssen, in der Tirade enden.

Die Literatur, meine Damen und Herren, ist eine Tür, durch die Sie die Wirklichkeit, in der wir leben, gleichsam von der anderen Seite noch einmal betreten können.

In Uwe Timms Roman *Der Schlangenbaum* stößt die Hauptfigur, der Bauingenieur Wagner, in dem lateinamerikanischen Land, in dem er eine Baustelle überwachen soll, bei einer Reise ins Landesinnere auf einen Arzt, der ihm die Verhältnisse im Land zu erklären versucht: 'This country is a miracle. Because it is a continual transformation from rational structures to shit and then from shit to fairy tales and finally to real miracles' (*S*, 265).

Diese Erklärung deckt sich nicht nur mit Wagners Lernprozess, der in dem Maße, in dem er seine erfolgsorientierte Rigidität verliert, sich für jene andere Erfahrungsdimension öffnet, sondern bezeichnet etwas, das sich in den Büchern Timms selbst mit der dargestellten Wirklichkeit abspielt.

Wagner hat sich bei seiner Reise ins Landesinnere verirrt. Mitten im Dschungel stößt er, nachdem er ein Stück des Wegs auf einem Esel reitend hinter sich gebracht hat, auf eine sechsspurige Autobahn, eine Bauruine:

> Sie lag vor Wagner, mächtig und auf eine wunderschöne Weise zwecklos und ohne Sinn, es sei denn, sie trug ihren Sinn in sich selbst. Wagner entdeckte einen Fußgänger auf der Brücke. Wäre er in einem Landrover hierher gekommen, er hätte sie als Kuriosität belächeln können, als ein Denkmal der Fehlplanung und Korruption [...], so aber, durchgeschwitzt, durstig, mit beulendicken Insektenstichen und einer Zecke von der Größe eines Mistkäfers im Arm, ritt er in einem innigen Staunen über die Brücke. (S, 274)

Wagner muss den Weg der körperlichen Erschöpfung gehen, um zu diesem neuen Staunen gelangen zu gehen. Wir haben es als Leser Uwe Timms ein wenig leichter, wir brauchen nur seinen Texten, Geschichten, Büchern zu folgen, mit geöffneten Sinnen.

Meine Damen und Herren, liebe Jury, ich gratuliere Ihnen zur Wahl Uwe Timms für den Jakob-Wassermann-Literaturpreis des Jahres 2006, und ich gratuliere Dir, Uwe, zu dieser schönen Auszeichnung!

Anmerkung

[1] Rede zur Verleihung des Jakob-Wassermann-Literaturpreises der Stadt Fürth an Uwe Timm am 12. März 2006.

5

Zweimal Deutsch-Südwestafrika: Uwe Timms Roman *Morenga* und Gerhard Seyfrieds Roman *Herero*

MANFRED DURZAK

I

Uwe Timms zweiter Roman *Morenga*, 1978 im Programm der AutorenEdition[1] erschienen, also mittlerweile vor gut einem Vierteljahrhundert, ist aus mehreren Gründen ein erstaunliches Buch. Aus der damaligen Perspektive betrachtet, als die Studentenbewegung sich aufzulösen begann und ihre letzten erschreckenden Zuckungen sich in den terroristischen Radikalisierungen der RAF zeigte, die die bürgerliche Gesellschaft mit ihren blutigen Aktionen schockierte, schien sich das Buch fast aus der aktuellen Zeitgeschichte zu flüchten. Ein Kapitel der preußischen Kolonialgeschichte, die verstaubt schien und mit den Problemen der Gegenwart anscheinend kaum etwas zu tun hatte, wurde von Timm aufgearbeitet. Tatsächlich war das alles andere als ein Fluchtmanöver.[2] Die innere Verbindung mit dem politischen Kontext der Studentenbewegung zeichnet sich im Rückblick unverkennbar ab. Denn die theoretischen Ausweitungen der Studentenbewegung auf die gesellschaftlichen Situation in den Ländern der Dritten Welt fand gleichfalls in den 70er Jahren statt. Diese Länder sahen sich ohnehin vom Erbe des Kolonialismus belastet und zunehmend dem wirtschaftlichen Zugriff einer kapitalistischen Expansion ausgesetzt, die Verhältnisse geschaffen hatte, die man auch in den Industrieländern anprangerte. Das politische Fanal, das die Agitationsenergien der Studentenbewegung belebte, war der Vietnamkrieg, in dem der gigantische militärische Apparat der führenden Nation des westlichen Machtblocks aus ideologischen Gründen ein unterentwickeltes kleines Land in die Knie zwingen wollte. Für diese Befreiungskriege in Ländern der Dritten Welt, für die man sich weitgehend abstrakt engagierte, fand der Autor Uwe

Timm ein Beispiel in der kolonialistischen Vorgeschichte Deutschlands in Afrika. Anstatt sich stellvertretend für die unterdrückten Länder Asiens oder Lateinamerikas zu engagieren, wie es in der Studentenbewegung Usus war, lenkte Timm die Aufmerksamkeit auf die Auslöschung eines kleinen afrikanischen Volkes unter dem Machtanspruch des vom preußischen Militär repräsentierten Deutschen Reiches zu Beginn des 20. Jahrhunderts.

25 Jahre nach dem Erscheinen von Timms Roman, nämlich 2003, ist ein umfangreicher Roman *Herero*[3] von dem Autor Gerhard Seyfried erschienen, das Erstlingswerk eines Schriftstellers, der sich vorher einen Namen als Cartoonist und Comiczeichner[4] gemacht hat. Dem Roman ist zu Anfang eine Erklärung des Autors vorangestellt: 'Die geschilderten Ereignisse des Jahres 1904 sind, ebenso wie die Verhältnisse im Lande, mit Sorgfalt recherchiert worden. Einige Erläuterungen sind im Anhang zu finden' (*Herero*, 4).

Diese Nachbemerkung, die zu Beginn einer Bibliographie steht, die eine Anzahl von Quellenmaterialien, die Seyfried für sein Buch benutzt hat, auflistet, setzt mit der Erklärung ein: 'Dieser Roman wurde im August 1999 in Namibia begonnen. Das Quellenstudium umfasste über 200 Bücher sowie Material aus verschiedenen Archiven. Aus der Fülle der Veröffentlichungen einige der wichtigsten Quellen in alphabetischer Folge' (*Herero*, 602).

Diese vom Autor in Anspruch genommenen Legitimierungsformeln überraschen, weil man sie eher von einer historischen Darstellung erwartet, die einen wissenschaftlichen Charakter voraussetzt. Bei einer erzählerischen Darstellung sind sie jedoch ungewohnt, da es primär auf die ästhetische Plausibilität ankommt und nicht auf die faktische Überprüfbarkeit von verwendeten historischen Informationen.[5] Es sei denn, hier wird ein Erzählmuster aufgegriffen, das im Kontext der zeitgenössischen Literatur eher als Anachronismus wirkt, nämlich das Muster eines historischen Romans.

In der Entstehungsgeschichte des Romans, der sich im 19. Jahrhundert zur literarischen Königsgattung entwickelte, hat der historische Roman bekanntlich eine entscheidende Rolle gespielt, da er das erzählerische Darstellungsspektrum einschneidend veränderte. Dieser paradigmatische Wechsel ist vor allem mit der Wirkung von Walter Scott verbunden. Während der Roman zu

Anfang des 19. Jahrhunderts noch unter Trivialitätsverdacht stand und 'romanhaft' mit fabulierender und unterhaltsamer Willkür identisch war und der Roman erst allmählich dem Anspruch zu genügen versuchte, hinter dem fiktionalen Erzählstoff das Wirken von Ideen sichtbar zu machen[6] und ihn in diesem Sinne poetisch werden zu lassen, ging die Darstellungsweise von Scott von Anfang an in eine andere Richtung. Friedrich Sengle hat das folgendermaßen beschrieben:

> In erster Linie natürlich Walter Scott. Sein 'dramatischer Roman' ist bis zu Otto Ludwig und Gustav Freytag ein wichtiges Vorbild bei der Ausgestaltung einer einheitlichen, straffkomponierten Romanform gewesen. Immer wieder [...] wird Scott mit Shakespeare, mit Goethe verglichen und als klassischer Meister des Romans gefeiert. Die Fülle seiner Gestaltenwelt, die 'Treue' seiner Weltdarstellung, die patriarchalische Volkstümlichkeit seiner historischen Bilder [...] war noch wichtiger als die Strenge seiner Komposition. [...] Die Begeisterung für die politische Verfassung der Engländer tat ein Übriges, um den englischen Roman zum Leitbild zu erheben [...].[7]

Historische Romane, die einmal Themen aus Schottlands unmittelbarer Vergangenheit aufgreifen, die sich zum andern auf die Tudor-Stuart-Epoche in England beziehen und die drittens Sujets des europäischen Mittelalters behandeln,[8] bilden dabei das Herzstück von Scotts erzählerischem Werk. Der historische Roman, der verläßlich den historischen Wirklichkeitsstoff abbildet und damit zugleich empirische Informationen und Einsichten transportiert, lässt sich auch hinter dem erzählerischen Unternehmen Seyfrieds erkennen. Dabei hat sicherlich für die Entstehung seines Romans auch eine Rolle gespielt, dass sich 2004 die hundertjährige Wiederkehr des Herero-Aufstandes abzeichnete, so dass die Rezeption des Romans durch die von den öffentlichen Medien wachgerufene Erinnerung an diesen kolonialen Unterdrückungskrieg der deutschen Schutztruppen im damaligen Deutsch-Südwestafrika verstärkt wurde. Zumal die Nachkommen der Hereros im heutigen Namibia dieses Erinnerungsdatum nutzten, um von dem gegenwärtigen deutschen Staat Reparationszahlungen für das damals erduldete Unrecht zu verlangen.[9]

Seyfrieds Roman ist auf viel Aufmerksamkeit in der Literaturkritik gestoßen. Erst allmählich wurde einigen Rezensenten deutlich, dass bereits vor zweieinhalb Jahrzehnten ein

Roman zu diesem Thema erschienen war. Daran ist Seyfried selbst nicht unschuldig, da er trotz der behaupteten umfassenden Quellenarbeit und seiner bibliographischen Recherchen das Buch von Uwe Timm beharrlich verschwieg.[10] Nun verläuft der Fortschritt in der Literatur nicht nach einem einfachen chronologischen Progressionsmuster, nach dem das jeweils zeitlich Neue auch das Bessere sei. Es kann auch umgekehrt sein. In diesem Fall ist so.[11] Ich will das im folgenden zu begründen versuchen. Es erübrigt sich hervorzuheben, dass sich das nur thesenhaft knapp ausführen lässt.

II

Zunächst zu Seyfried. Das semantische Muster des historischen Romans wirkt wie eine unfreiwillige Parodie auf das Stilvorbild des 19. Jahrhunderts: durch das umständlich beschreibende Erzählverfahren, das Landschaftsszenerien, Ortschaften oder technische Geräte so detailliert entwirft, als benötige der Leser eine Fülle von Informationen, um sich bestimmte Sachverhalte vorstellen zu können. Die Darstellung der Oberfläche dominiert solcherart die erzählerische Darstellung und impliziert eine verkürzte Vorstellung von Realismus, der mit abbildhafter Wirklichkeit identisch wird. Die kalendarische Aufsplitterung der Aufzeichnungen, die sich an bestimmten herausgehobenen Tagen orientieren und auf wechselnde Perspektiven der Protagonisten verteilt sind – in erster Linie auf den Kartographen Carl Ettmann und die aus großbürgerlichem Berliner Elternhaus stammende Photographin Cecilie Orenstein und teilweise auf den Hauptmann Victor Franke und den um Vermittlung bemühten Herero Petrus –, sind ein weiteres strukturelles Moment, das die ausufernde Beschreibungsvielfalt dieser extensiven Erzählweise unterstützt. Die Epigonalität dieses gewählten Erzählverfahrens, das einem Oberflächenrealismus vertraut, zieht auch eine weitere strukturelle Konsequenz nach sich: die personenorientierte Erfahrungsperspektive, die das Geschehen im wesentlichen im Bewusstseinsspiegel der beiden Hauptfiguren, des Kartographen und der Photographin, abbildet. Der Erzähler bekennt sich damit unfreiwillig zu einer Parteilichkeit des Erzählens, da das Geschehen, der Aufstand der Hereros und der Kampf gegen die deutsche Kolonialtruppe, die sogenannte Schutztruppe, von vornherein ideologisiert, d.h. aus einer eurozentristischen Perspektive dargestellt wird.

Vergleicht man das mit der Erzählweise, die den ersten Teil von *Morenga* dominiert, so ist von der hier eingesetzten Schnitt-Technik zu sprechen. Unterschiedlichen Bereichen entstammende überlieferte Texte werden so ineinander montiert, dass die damalige Wirklichkeit, der Herrschaftsapparat des preußischen Militärs und das Aufbegehren der eingeborenen Bevölkerung, als widersprüchlicher antagonistischer historischer Prozeß sichtbar wird. Der Leser muss sich zu diesem Prozeß in Beziehung setzen und gewinnt erst allmählich eine eigene Beurteilungsperspektive. Die Vorzüge dieser 'offenen' Erzählweise reichen noch weiter. An die Stelle eines deskriptiven Oberflächenrealismus tritt eine Darstellungsweise, die an den Bruchstellen der montierten Texteinschübe zusätzliche nicht ausgeschriebene Bedeutungsräume im Bewusstsein der Leser öffnet. Durch die in *Morenga* gewählte Erzählstrategie wird der Leser in seiner Einstellung zum erzählten Geschehen strukturell in eine ähnliche Position versetzt, die auch für den Oberveterinär Gottschalk gilt, der aus einer diffusen unpolitischen Haltung heraus sich zu den Schutztruppen gemeldet hat und insgeheim den Wunsch hegt, in dieser afrikanischen Wirklichkeit vielleicht einmal Wurzeln zu schlagen, eine Farm aufzubauen und eine Familie zu gründen. Wie Gottschalk, nicht zuletzt durch den Einfluss seines politisch von Anfang an viel wacheren Kollegen Wenstrup, sich allmählich verändert, das Unterdrückungsverhalten der Schutztruppe kritisch zu sehen und die kulturelle Eigenart der Eingeborenen zu erkennen und anzuerkennen beginnt, ist als Weg einer interkulturellen Initiation schon verschiedentlich analysiert worden.[12] Gottschalk beginnt sich selbst und den Überlegenheitsdünkel der Weißen, die sich als Agenten einer göttlich verordneten Zivilisation begreifen und ihre Zerstörungskampagne in einer fremden, ihnen unterlegenen Kultur damit legitimieren, kritisch zu sehen, je mehr er in die Lebensweise und Traditionen der eingeborenen Bevölkerung eintaucht. Am Ende distanziert er sich offen von der Ideologie der Schutztruppe als Herrschaftsinstrument und kehrt nach Deutschland zurück. Wenstrup hat schon vorher die Linien überschritten und ist vermutlich zu den Namas desertiert. Er taucht unauffindbar unter.

Seyfrieds Protagonist Ettmann hat aus einer bereits in der Kindheit vorhandenen Abenteuerlust und als Fluchtausweg aus einer Lebenskatastrophe – seine Frau Elisabeth ist kürzlich gestorben – den Auftrag der Kolonialabteilung des Auswärtigen Amtes angenommen, für das Vermessungsamt in Windhuk neues verläßliches Kartenmaterial zu erarbeiten. Während er in Swakopmund auf den Beginn seiner Mission wartet, wird ihm als Begleiterin auf seinen Exkursionen die junge Berliner Photographin Cecilie Orenstein zugeteilt. Ihr Auftrag ist, Photos für ein illustriertes Buch über das Schutzgebiet Südwestafrika anzufertigen, da man sich von diesem Buch 'Nutzen für die Besiedelung des Landes' (*Herero*, 67) verspricht. Beide, die eine Zuneigung füreinander entwickeln, geraten in die Wirren des ausbrechenden Herero-Aufstandes hinein. Sie werden voneinander getrennt und treffen in zeitlichen Abständen immer wieder aufeinander. Ettmann ist als Reservist der Schutztruppe zugeteilt worden und wird als Kanonier gegen die Hereros eingesetzt.

Für den Erzähler haben beide die Funktion, in ihren Erfahrungen und Wahrnehmungen die kriegerischen Auseinandersetzungen und ihre Auswirkungen abzubilden, wobei die Entfaltung der Liebesgeschichte zur zusätzlichen Spannungssteigerung genutzt wird. An einer Stelle lässt Seyfried seinen Protagonisten Ettmann sich an Joseph Conrads *Heart of Darkness* erinnern, und es heißt im Nachsatz dazu: 'Besonders diese Erzählung hat einen tiefen Eindruck in ihm hinterlassen' (*Herero*, 480). Das bleibt jedoch lediglich eine deklamatorische Feststellung, da die liter-arischen Folien, die auf seine Erfahrungen gelegt werden, ganz anderen literarischen Quellen entstammen: im günstigsten Falle den Lederstrumpf-Erzählungen James Fenimore Coopers,[13] aber wesentlich öfter der Lektüre Karl Mays. So heißt es etwa: 'Es ist wie in einem Karl-May-Roman' (*Herero*, 379). Oder: 'Auch die Landschaft ringsum gleicht geradezu Karl-May-mäßig dem amerikanischen Westen, wie er beschrieben wird' (*Herero*, 390). Oder: 'Winnetou und Old Shatterhand, just eine solche Nacht ist dort beschrieben, aber in welchem Band war das?' (*Herero*, 544–5). Der Erzähler verstellt Ettmanns Blick mit Klischees.[14] Er nimmt die Wirklichkeit um sich herum nicht eigentlich wahr, sondern sucht nach Wiedererkennungseffekten, die seiner Kindheitslektüre entstammen. Gottschalk hingegen macht die Erfahrung, dass die

Bilder und Begriffe, die er in seinem Kopf in diese Wirklichkeit transportiert hat,

> nicht mit dieser Landschaft zusammenpaßte[n]. Es war, als hätte man solche Gedanken und Sätze wie Reisegepäck, das sich dann aber als unzweckmäßig erwies, in dieses Land geschleppt. Eine Zeitlang ging Gottschalk dem verrückten Gedanken nach, aus der Landschaft und von den Einwohnern ein neues Denken zu lernen, mit dessen Hilfe man alles anders sehen könnte, tiefer und genauer. (*M*, 232)

Gottschalk verändert sich und lernt, seine Wahrnehmungsmechanismen kritisch zu hinterfragen und sich einer neuen Sehweise und Sprache anzunähern. Es sind Indizien seiner interkulturellen Häutung, an deren Ende ein neues Bewusstsein stehen wird: die Distanzierung von der Überlegenheitsideologie der Deutschen und die Anerkennung der kulturellen Identität der Namas.

III

Dass Ettmann Kartograph ist und Cecilie Orenstein Photographin, wird bei Seyfried letztlich nur als anekdotisches Beiwerk den Figuren hinzugefügt. Es hat nur als Handlungsanlass eine äußerliche Funktion im Erzählzusammenhang, weil es beide durch ihren Beruf nach Südwestafrika führt und dadurch auch beider Wege sich kreuzen. Es ist aufschlussreich, dass beide Personen in gewisser Weise in *Morenga* bereits angelegt sind. An dieser Stelle lässt sich im Vergleich der künstlerische Abstand zwischen beiden erzählerischen Darstellungen geradezu musterhaft akzentuieren.

Der Kartograph Ettmann hat sein Gegenstück in dem Landvermesser Treptow in *Morenga*. Treptow ist ein *Homo faber*, für den Naturwissenschaften und Technik das Sesam-öffne-dich zur Veränderung der Wirklichkeit darstellen:

> Treptow war von der bezwingenden Macht der Technik überzeugt. Wo die Natur noch Defekte zeigte, würde man sie über lang oder kurz mit technischen Mitteln beheben. Man würde Wüsten bewässern, Flüsse, die alljährlich weite Landstriche durch Überschwemmungen verwüsteten, regulieren, aufstauen oder umleiten. Alles war technisch machbar, und zwar so, daß es den Menschen zum Nutzen gereichen würde. Treptow war ein technischer Fanatiker [. . .]. (*M*, 256)

Mit dieser verinnerlichten Fortschrittsideologie im Kopf, die den grenzenlosen Fortschrittsoptimismus des ausgehenden 19. Jahrhunderts spiegelt, hat sich Treptow als Vermessungsingenieur bei der Landgesellschaft in Südwestafrika beworben. Treptow, für den Exaktheit und unermüdliche Arbeitsenergie Teil seines Berufsethos sind, das ihn auch gegen Anwandlungen von Gefälligkeit und Korruption immunisiert, und der anfänglich von der Überlegenheit der westlichen Zivilisation überzeugt ist, muss jedoch schrittweise einsehen, dass die Landverkäufe, die er durch seine Vermessungen vorbereitet, von den Vertretern der Landgesellschaft betrügerisch genutzt werden, um den Eingeborenen 'unfruchtbare Gebiete mit nur wenigen Wasserstellen' (*M*, 262) übrig zu lassen. Zunehmend wird ihm klar, dass die Landgesellschaft, hinter der Geldinstitute wie 'die Deutsche Bank und die Dresdner Bank' (*M*, 263) als undefinierbare Kapitalverwalter sichtbar werden, den Mechan-ismus des Geldverdienens um jeden Preis als einzigen Handlungs-antrieb gelten lässt. In dem Maße, in dem er die betrügerischen Aktionen der Landgesellschaft, bei denen der Alkohol als Schmiermittel eingesetzt wird, einsehen lernt, begreift er auch seine eigene Instrumentalisierung in diesem Komplott. Er beginnt sich damit auch von dem Absolutheitsanspruch seiner Technik-Ideologie graduell zu befreien und die Lebensweise und Tradition der Eingeborenen sorgfältiger wahrzunehmen und damit den Veränderungsweg Gottschalks im Ansatz nachzuvollziehen.

Das Gegenstück zu der Photographin bei Seyfried ist der Photograph Hermann Schultz in *Morenga*. Auch ihn hat die 1885 gegründete Deutsche Kolonialgesellschaft für Südwestafrika nach Afrika geschickt, um Photos für 'einen Bildband über das neuerworbene Südwest-Afrika' (*M*, 252) herzustellen, die der 'Förderung des kolonialen Gedankens in breiten Bevölkerungskreisen' (*M*, 252) dienen sollten. Der zierliche Schultz, der mit Wagners Samtbarett auf dem Kopf seinen Anspruch als Lichtbild-Künstler signalisiert, ist auf andere Art auch von dem Perfektionsdrang Treptows besessen. Er lässt sich nicht als Werbe-Photograph von der Kolonialgesellschaft missbrauchen, sondern versucht, Bilder zu machen, die die Wirklichkeit dieses von der Unterdrückung und der kolonialen Deformation bereits gezeichneten Landes und seiner Menschen ausdrücken. Beispielhaft ist jenes Bild eines

Halbmenschen in der abendlichen Dämmerung [...] – [das] etwas von jener fernen Trauer in sich trägt, die Schultz nicht nur in den Gesichtern, sondern auch in der Landschaft entdeckt hatte. Spuren von Verfall und Untergang [...]. (*M*, 252–3)

Von den 724 Photographien bleiben nur jene vier Aufnahmen erhalten, die sich die Hottentotten auf Wunsch von Schultz selbst aussuchen konnten, da die Kolonialgesellschaft die Aufnahmen, die später im Königsberger Archiv verbrennen, verschmäht, da sie für die propagandistische Absicht nicht tauglich sind. Die erhaltenen Bilder – beispielsweise das Photo eines Hottentottenjungen mit einer gutgenährten Kuh – dokumentieren bezeichnenderweise eher Ausschnitte aus der noch intakten Lebensweise der eingeborenen Bevölkerung und nicht Aufnahmen, in denen die Wunden der historischen Situation bereits erkennbar werden.

Bei beiden Parallelgeschichten handelt es sich um Fallbeispiele, die die zivilisatorische Ausplünderung und Beschädigung der tradierten Lebensform der Eingeborenen auf subversive Weise sichtbar machen und damit die kolonialistische Überwältigung des afrikanischen Landes aufbrechen, für die auf der andern Seite die Missionare oder Geschäftsleute wie Morris neben vielen anderen als Agenten des Unterdrückungsapparates stehen. Dieses komplizierte erzählerische Verweisungssystem, das Uwe Timm so differenziert in seinem Roman entwickelt, gestaltet damit zugleich die Voraussetzungen für den Widerstand der eingeborenen Bevölkerung mit, den die enigmatische Figur Morengas anführt, der gebildet ist und sich bei den kriegerischen Auseinandersetzungen menschlicher verhält als die weißen Eroberer, beispielsweise Frauen und Kinder schont, während der berüchtigte General von Trotha in seinem Schießbefehl vom 2. Oktober 1904 ausdrücklich die Vernichtung von Frauen und Kinder bei den Hereros billigt und am Ende auch umsetzen lässt.

IV

Seyfried bleibt dem Genre des historischen Romans treu[15] bis hin zu dem 'Epilog', in dem er in biographischen Stenogrammen die spätere Lebensgeschichte seiner handelnden Personen auflistet, ganz so, wie es Frederick Marryat in seinem berühmten Roman *Masterman Ready; or The Wreck of the Pacific*[16] getan hat, wo er die

Lebensgeschichten der nach England zurückgekehrten Geretteten ähnlich abschließt.

Die im Kontext der späten siebziger Jahre gerade innovatorische erzählerische Kühnheit *Morengas* lässt sich erst aus heutiger Sicht gänzlich ermessen und weist damit Timms Roman einen gattungsgeschichtlichen Rang zu, der den unter chronologischem Aspekt aktuellen Roman Seyfrieds erst recht relativiert.

Timms Erzähler vermeidet ja nicht nur eine personenbezogene Darstellungsweise, die unterschwellig die eurozentristische Beurteilungsperspektive von Seyfrieds Erzähler programmiert. Indem Timm die Komplexität des Geschehens in eine Vielzahl von Textblöcken zerlegt, vermeidet die Montagestruktur auch die Eindeutigkeit einer einzigen Perspektive. In Entsprechung zum Änderungsweg Gottschalks, der sich zunehmend der kulturellen Wirklichkeit und Lebensweise der eingeborenen Bevölkerung öffnet und damit zugleich die Voreingenommenheiten seiner europäischen Haltung den Afrikanern gegenüber ablegt und im Gegensatz auch zu der auf den unterschiedlichsten Ebenen hervortretenden Instrumentalisierung der afrikanischen Wirklichkeit, die den wirtschaftlichen Nutzerwägungen der Deutschen umfassend dienstbar gemacht werden soll, beginnt sich in der Mitte des Romans auch die Erzählweise von *Morenga* zu verändern. Timms Erzähler folgt sozusagen dem Weg des Missionars Gorth nach, der gleichfalls seine anfängliche religiöse Überlegenheitspose aufgibt und zunehmend in die afrikanische Wirklichkeit lernend und sich verändernd eindringt, der, wie er in einem seiner letzten Briefe schreibt 'endlich die Sprache der Ochsen erlernt' (*M*, 126). Auch der Erzähler hat in gewisser Weise diese Sprache der Ochsen erlernt und lässt nun den Leitochsen des Gespanns, den Roten Afrikaner, seine Geschichte der wechselvollen Erfahrungen von der Eroberung dieser Region berichten:

> Es ist nun schon lange her, und der Rote Afrikaner ließ kreisend seine Kiefer mahlen, da kamen weiße Männer aus Holland nach Afrika, dort wo im Süden das Land zu Ende ist, und sie töteten und verdrängten mit großen Feuerrohren die dort lebenden Namas [. . .]. (*M*, 128)

Diese mit den Märchen und Mythen Afrikas verbundene orale Erzähltradition, in die auf ganz selbstverständliche Weise die in europäischen Erzähltraditionen verwurzelte dokumentarische

Erzählweise des Buches einmündet und den Erzählduktus bedeutsam verändert, ist keine äußerliche Addition. Sie ist vielmehr eine konkrete Anerkennung des kulturellen Eigengewichts der afrikanischen Überlieferung, die aufgenommen wird in das ästhetische Bezugssystem des europäischen Erzählens. Es entsteht an solchen Stellen etwas Neues, eine Hybridisierung des Erzählens, eine Bereicherung des europäischen Erzähltons, faktisch so etwas wie ein interkulturelles Erzählen. Die Romanform selbst hat sich zu verändern begonnen. Etwas, was sich in der inhaltlichen Entwicklung des Romans auf den unterschiedlichen Ebenen und bei unterschiedlichen Personen feststellen lässt, findet so sein Korrelat in der formalen Beschaffenheit des Erzählens. Von daher antizipiert Timms Erzähler eine innovatorische Aufsprengung des Erzählrepertoires, die seitdem immer stärker sichtbar geworden ist, nicht zuletzt in der deutschsprachigen Literatur der letzten Jahrzehnte.

Am Ende von Seyfrieds Roman, als die Genozidzüge tragende Auslöschung der Hereros am Waterberg durch von Trotha stattgefunden hat,[17] wird im Gespräch zwischen Cecilie, Ettmann und dem Südwestler Lutter der Aufstand Morengas kurz erwähnt:

> Im Bezirk Warmbad [. . .] treibt sich ein gewisser Jakob Morenga oder Marengo mit seiner Bande herum und überfällt Farmen und stiehlt Vieh. Soll ein gebildeter Mensch sein, Vater Herero, Mutter Nama, hieß es in der Zeitung, und er muß zudem ein außergewöhnlicher Mann sein, wenn er sich als Schwarzer zum Anführer von Hottentotten aufschwingen konnte. (*Herero*, 571)

Das ist sozusagen die Fussnote, die Seyfried Uwe Timms Roman zubilligt. Mit dem Blick auf den ästhetischen Rang beider Romane verhält es sich eher umgekehrt. *Herero* behauptet sich höchstens als monumentale Fussnote im Vergleich zu *Morenga*.

Anmerkungen

[1] Damals im Athenäum Verlag, Königstein/Ts.

[2] Eine solche Fluchtbewegung stellt Andersch in seiner den Aufruhr der Studentenbewegung thematisierenden Kurzgeschichte 'Jesuskingdutschke' dar. Der Student Leo, der bei einer Demonstration nicht den

körperlichen Angriff eines Polizisten auf den Freund Marcel abgewehrt hatte, weil er plötzlich Angst bekam, setzt sich am Ende der Geschichte nach Rom ab, um historisches Material für seine Abschlussarbeit über die Mietskasernen der Proletarier im antiken Rom zu sammeln. Vgl. dazu Manfred Durzak, *Die deutsche Kurzgeschichte der Gegenwart. Autorenporträts, Werkstattgespräche, Interpretationen*, 3. erweiterte Auflage (Würzburg, Königshausen & Neumann, 2002), 408–12.

[3] Gerhard Seyfried, *Herero* (Berlin, Eichborn, 2003). Weitere Verweise werden im Text gegeben.

[4] 1990 erhielt Seyfried den Max-und-Moritz-Preis als bester deutscher Comiczeichner.

[5] Tatsächlich hielt sich Seyfried 1999 nur zwölf Tage in Namibia auf, als er im Auftrag des Goethe-Institutes Vorträge über die Verwendung von Comics im Deutschunterricht hielt.

[6] Dazu im einzelnen die Darstellung von Hartmut Steinecke in seinem Buch *Romantheorie und Romankritik in Deutschland*, Bd. 1 (Stuttgart, Reclam, 1975), 17 ff.

[7] 'Der Romanbegriff in der ersten Hälfte des 19. Jahrhunderts', Reinhold Grimm (Hrsg.), *Deutsche Romantheorien. Beiträge zu einer historischen Poetik des Romans in Deutschland* (Frankfurt am Main, Athenäum, 1968), 127–41 (137–8).

[8] Ich beziehe mich hier auf eine Klassifizierung Horst W. Dreschers in seinem Aufsatz 'Walter Scott: Tales of My Landlord: The Black Dwarf und Old Mortality', in Paul Goetsch u. a. (Hrsg.), *Der englische Roman im 19. Jahrhundert* (Berlin, Schmidt, 1973), 22–35 (22).

[9] Das blieb jedoch ein vergeblicher Appell, da sich die gegenwärtige Regierung Namibias, in der Hereros so gut wie nicht vertreten sind, nicht mit dieser Forderung solidarisierte.

[10] In einer Interview-Äußerung vom Frühjahr 2004 im *Deutschlandfunk* hat Seyfried inzwischen eingeräumt, dass er den 'guten Roman' Uwe Timms zu diesem historischen Thema kennt.

[11] Eine Bestätigung dafür war mir im Frühjahr 2005 der Vortrag von Volker Gretschel, den er auf der Jahresversammlung der Germanisten aus dem Südlichen Afrika in Stellenbosch, Südafrika hielt: 'Gerhard Seyfrieds aktueller Kolonialroman *Herero*'. Gretschel, Germanist an der University of Namibia in Windhoek, hat mir das Manuskriupt seines Vortrags freundlicherweise zur Verfügung gestellt. Nach diesem Manuskript wird im folgenden mitunter zitiert.

[12] Vgl. dazu die Untersuchungen von Reiner Kußler und Peter Horn in dem Band *Die Archäologie der Wünsche. Studien zum Werk von Uwe Timm*, herausgegeben von Manfred Durzak und Hartmut Steinecke (Köln, Kiepenheuer & Witsch, 1995), desgleichen die Dissertation von Julienne

Kamya, *Studentenbewegung, Literatur und die Neuentdeckung der Fremde. Zum ethnografischen Blick im Romanwerk Uwe Timms* (Frankfurt am Main, Lang, 2005) [Mäander: Beiträge zur deutschen Literatur, herausgegeben von Manfred Durzak].

[13] Vgl. etwa 573.

[14] Gretschel resümiert daher in seinem erwähnten Vortrag an einer Stelle zu Recht: 'Letzten Endes ist sein Roman [...] eine Art Karl-May-Schwarte für das wilde Südwestafrika, allerdings mit dem Anspruch Literatur zu sein und also langweiliger sein zu dürfen' (Gretschel, 14).

[15] Das gilt freilich nur mit Einschränkungen, auf die z.B. Gretschel aufmerksam macht: 'Dass das Durchackern von 250 Büchern und der Aufenthalt in Namibia Seyfried nicht vor weiteren Fehlern, Ungereimtheiten und Widersprüchen feien, belegt Wendula Dahle in ihrer Rezension "*Herero* – Zweifel an einem aktuellen Kolonialroman" in der Windhoeker Allgemeinen Zeitung vom 29.1.2004, S.9; so weist Dahle darauf hin, dass Seyfried die Niederschlagskarte von Namibia ignoriert und nicht realisiert habe, dass Swakopmund und Windhoek nördlich des Wendekreises des Steinbocks lägen, die Regenzeit Namibias keinesfalls den tropischen Niederschlägen des zentralafrikanischen Dschungels entspreche, nach dem Dauerregen im Januar nur einen Monat später die Erde nicht staubig, braun sein und sich mit Weißgold verbranntem Gras zeigen könne, die Akazien keineswegs ihre verdorrten Zweige in den Himmel reckten, da sie schon vor Beginn der Regenzeit grüne Blätter und ihre Blütenkätzchen trieben' (Gretschel, 2).

[16] 1841–2 erschienen, in Deutschland als Jugendbuch unter dem Titel *Sigismund Rüstig* verbreitet.

[17] Gretschel macht hier kritisch auf eine verdeckte ideologische Tendenz Seyfrieds aufmerksam. Denn der Hauptmann Franke, der sich nach Seyfried von dem für den Genozid verantwortlichen General von Trotha in seinem Tagebuch distanziert, tut es nicht aus moralischer Erschütterung über den Völkermord, sondern aus Protest 'gegen die stümpferhafte Kriegsführung eines arroganten und landesunkundigen Generals' (Gretschel, 14), der sein militärisches Ziel nicht erreicht habe und sich zu Unrecht von Wilhelm II. belobigen ließ: 'Die Absichten und die Ziele Frankes und von Trothas bleiben dieselben, nur die Mittel sind verschieden' (Gretschel, 14). Das wäre dann in der Tat die reaktionäre Gegenposition zu dem Erzählziel der politischen Aufklärung, wie sie am Ende von *Morenga* steht.

6

Connection, Dysfunction, Generation: Uwe Timm's *Nicht morgen, nicht gestern* and *Rot*

DAVID BASKER

Uwe Timm's first volume of short stories, *Nicht morgen, nicht gestern*, did not appear until 1999. This is perhaps surprising in the context of Timm's success as an author of shorter fiction for children, and of the episodic arrangement of novels such as *Kopfjäger* and *Johannisnacht*. It is, of course, primarily as an author of longer prose fiction that he has enjoyed popular and critical success; even the designation 'Novelle' for *Die Entdeckung der Currywurst* was hotly disputed, and – if we accept it at face value – the book certainly represents a longer example of the genre. Martin Lüdtke, in his review of *Nicht morgen, nicht gestern* for *Die Zeit*, seems to suggest that a pragmatic acknowledgement of market forces might even play a part in Timm's preference for the novel: while the volume comprises 'schöne, ernste, komische und traurige Geschichten', they are not, Lüdtke contends, 'verkaufsträchtig'.[1] Limited popular appeal seems, moreover, to have been mirrored in the fact that *Nicht morgen, nicht gestern* has not thus far attracted much critical attention, at least in comparison to Timm's novels. This chapter will argue that the volume occupies a significant place in Timm's work, for it offers illuminating insights into the development of themes which have preoccupied the author in his longer fiction in recent times. In order to illustrate this contention, the present analysis of these six stories will provide a yardstick by which to measure Timm's approach in the novel *Rot*, the publication of which followed shortly after *Nicht morgen, nicht gestern*.

In the first place, it seems clear that the stories in *Nicht morgen, nicht gestern* are much more than previously unpublished fragments of Timm's work which have simply been grouped together at random for publication. The stories are carefully arranged in the volume and they are linked together – and to other works by

Timm – in subtle and imaginative ways. The internal links work at several levels. There are, for example, a number of intertextual connections between the characters, some obvious, some more sophisticated. The first-person narrator of the third story in the volume, 'Screen', is a young computer expert who delights in shooting pigeons with an air pistol through the window of his apartment. As he leaves the apartment to deal with another computer emergency, he carries his bright-red racing bike down the stairs and unceremoniously bumps into a fellow tennant: 'Die Alte auf der Treppe quetscht sich an die Wand' (*NM*, 69). In the following story, 'Der Mantel', we see the same encounter on the staircase from a different perspective, as the old woman tries to get home after being attacked for wearing a fur coat: 'Ein junger Mann kam ihr entgegen, auf der Schulter trug er ein rotes Fahrrad' (*NM*, 88). Other links between characters are less clear-cut, but nevertheless tie the stories together. It is not certain, for example, whether the first-person narrator of 'Nicht morgen, nicht gestern', who is a female photographer, is the same female photographer whom the male narrator of the previous story, 'Das Abendessen', recognises as a character from his past; but the possibility that they are identical establishes a link between the two stories. In the description of the radical animal-rights activism of Elke, the girlfriend of the narrator of 'Screen', there are echoes of the assailant of the old woman in 'Der Mantel'; and the 'Altlinke' author who needs his computer restoring in 'Screen' could easily be the narrator of 'Das Schließfach', who is also a writer. These characters are not unequivocally identical, but they are sufficiently close to create a network of associations which runs through the volume. Connections between episodes in the stories work in much the same way. We see both the boyfriend of the narrator of 'Nicht morgen, nicht gestern' and the lorry driver of 'Eine Wendegeschichte' the worse the wear for drink; echoes resonate between two incidents of public embarrassment, the disturbing attack on the old woman in 'Der Mantel' and the highly comic arrest of the narrator of 'Das Schließfach'; and when the kebab seller in 'Screen' takes revenge on a pair of arrogant customers by informing them 'in 30 Prozent aller Döner hat man menschlichen Samen gefunden' (*NM*, 77), the woman chokes on the food in a way which is uncomfortably reminiscent of Renate's response in 'Das Abendessen' to the discovery that the state-of-the-art ceramic hob in her flat is frying the cockroaches that repeatedly drop from the flue.

At one level, such connections between character and event might seem like little more than an intellectual game that Timm is playing with the reader. Fundamental links between the stories in both narrative technique and theme suggest, however, that they are part of a coherent approach. A consideration of Timm's use of leitmotifs will serve to illustrate the point. Each story contains repeated descriptions of at least one object, which serve to reflect something of the key preoccupations of the protagonists; by virtue of the repetition, the objects assume symbolic meaning. These items include a small cushion ('Das Abendessen'), two seagulls ('Nicht morgen, nicht gestern'), a red bike ('Screen'), a fur coat ('Der Mantel'), a safety pin ('Das Schließfach'), and the painting of a housewife on the side of a lorry ('Eine Wendegeschichte'). To elaborate on just one of these examples, the narrator of 'Das Abendessen' recalls clearly the delicate cushion in a small material bag which, as a student in the 1970s, the beautiful Renate carried around with her. The cushion helps to explain the reputation she acquired as a rather delicate and spoilt person, 'eine Prinzessin auf der Erbse' (*NM*, 12). It does not then come as a surprise that, of all the diners at the ill-fated 'Abendessen' which the narrator recalls, she has the most violent reaction to her husband's insect-infested kitchen. Meeting her again in the narrative present, however, the narrator is taken aback to discover that she has become an independent, confident woman who has made a successful career as a photographer. The transformation seems complete until, at the end of the story, the narrator discovers that Renate has left in her aeroplane seat the same small cushion. The object connects with their common past and suggests that, for all her success, there is still something of the spoilt 'Princy' inside Renate. The other leitmotifs work in a similar way, both playing a practical part in the stories and reflecting or undermining the attitudes of those involved. Although the objects are very different from each other, the narrative approach is the same: Timm uses objects to reveal an unusual story. Readers familiar with Timm's novels will recognise this literary technique; he explains the significance for his writing of what he calls 'die gezeichneten Dinge' (*EE*, 25) in the volume of essays *Erzählung und kein Ende*. Reflecting on the associations triggered by the scrimshaw carvings which lie on his writing desk, he notes in one of the essays: 'So leuchten kleine Geschichten aus dem Elfenbein auf, Geschichten, die mich immer an jene so schwer beschreibbare Stimmung, die mich als Kind hinunter zum Hamburger Hafen getrieben hat. Diese den Dingen anhaftenden Geschichten affizieren mich' (*EE*, 25).

Timm's fascination with the stories which objects reveal and reflect clearly runs through *Nicht morgen, nicht gestern*. Moreover, the themes which emerge from the stories that are triggered by this literary approach also serve to connect them together and represent a significant link to Timm's work of the new millennium. Three key thematic concerns connect the stories of the volume: the act of narration; the dynamics of male-female relationships; and the dislocation in relations between generations which marks contemporary life.

The notion of incorporating the process of composing a story into the story itself is a familiar one from a number of Timm's works. The description of the narrator's visits to Lena Brücker to discover the crucial details of culinary history in *Die Entdeckung der Currywurst* is one obvious case in point; the central role of storytelling in *Der Kopfjäger* is another. In the stories of *Nicht morgen, nicht gestern*, a number of narrators provide an account of the genesis of their account. The most obvious example of this intriguing circularity is provided by the narrator of 'Das Schließfach'. He is a writer who struggles to find suitable direct experience for his writing, someone who can only envy the adventures of his more colourful friend Steiner: 'Ich lebe wochen-, ja monatelang in dieser Stadt und nichts Erzählenswertes passiert. Steiner steigt in München aus und wird sofort in eine Geschichte verwickelt, an deren Ende eine Sicherheitsnadel nötig ist. Er erlebt das, was ich mir nur am Schreibtisch ausdenke' (*NM*, 106). The events that follow confirm that, when Steiner is around, anything can happen. In a concluding scene that would grace a Marx brothers' film, the narrator ends up under arrest at Munich station, one hand pinned behind his back by a policeman, the other clutching a salami. The story is based around two ideas about the act of story-telling which recur in Timm's work. First, in bemoaning the absence of suitable material at the start of the story, the narrator is precisely turning this experience into suitable material. Recounting the difficulties in beginning a story is a common way to begin a story for Timm's narrators.[2] Secondly, Steiner is the human equivalent of one of Timm's 'gezeichnete Dinge', one of a series of characters in the author's work to whom unexpected, fascinating, comic and poignant experiences attach. Narration involves the act of pursuing and recounting those experiences – in this case, by supplying Steiner with a safety pin.

That a story-teller must be careful to make the most of such opportunities is underlined elsewhere in the volume. In 'Das Abendessen', for example, the narrator remembers his student self being envious of the ability of Renate's more worldly-wise husband to tell tales of his experiences travelling the world: 'Schon eine Taxifahrt durch Manhattan brachte mehr Stoff als ein Monat an der Uni in Hamburg' (NM, 15). It seems likely that it is Ramm's witty stories that go some way to explaining what his much younger bride sees in him; and the erotic potential of story-telling is a theme to which Timm returns in Rot. In 'Eine Wendegeschichte', the main body of the story is told by a lorry driver who becomes embroiled in an exotic adventure in eastern Europe, which involves smuggling a Mig fighter into Germany and selling it on to the highest shady bidder. This is a colourful, amusing story and it reflects an experience of the unexpected of which Steiner from the earlier tale would be proud. Indeed, the lorry driver goes to some lengths to prove that his account is not just an urban myth. From the opening and closing sections of 'Eine Wendegeschichte', however, we discover something more of the narrative situation. The lorry driver is in the buffet car of a train travelling through Germany, recounting his story to a first-person narrator who hardly intervenes. Near the end of the lorry driver's tale, the train arrives at the narrator's destination, the 'documenta x' contemporary art exhibition in Kassel. The narrator hesitates for a moment when the driver promises 'das dicke Ende [of the story] kommt noch' (NM, 158); he chooses to alight, but then immediately regrets his decision: 'während ich unten den Zug langsam aus dem Bahnhof fahren sah, ärgerte ich mich plötzlich, daß ich nicht sitzengeblieben war, um das Ende der Geschichte zu hören' (NM, 158). Missing out on the full impact of a story is presented as a mistake; at the same time, the actions involved in collecting the story in turn form part of the story, even when they go wrong. Together 'Das Schließfach' and 'Eine Wendegeschichte' underline the importance for Timm of the process of collecting stories. In itself the process merits narration, and those who do not pursue it wherever it leads live to regret their mistake.

The way in which male-female relationships operate – or, rather, fail to do so – provides a further focus for the stories in *Nicht morgen, nicht gestern*. Through the volume we are repeatedly presented with dysfunctional, failed or unconsummated relationships, some presented in a humorous way, others extremely poignantly. In the former category fall the relationships of 'Das Abendessen' and 'Eine Wendegeschichte'. The marriage between Renate and her much older husband Ramm in the first of these stories is presented from a number of perspectives. In the first place, we have the memories of the narrator, who recalls the horrific events of the dinner from his student days. He remembers Ramm as a confident, experienced but rather patronising person, a good cook, but no oil painting. Further perspectives on the relationship are offered by the narrator's conversations with his friend Lionel and his then girlfiend Gisela. Lionel provides the male, hormone-fuelled view, for he is besotted with Renate and focuses on the physical deficiencies of the 'Yetifrosch' (*NM*, 14) Ramm. Gisela provides a less superficial, female perspective: Ramm is always entertaining, cooks delicious food, and 'legt [Renate] alles, sich selbst sogar, zu Füßen' (*NM*, 14). Love is never mentioned, however, and Gisela's account of Renate's reasons for accepting Ramm's proposal suggests that the marriage might not be on stable ground: she agrees to marry him out of a combination of her wish to avoid embarrassment – Ramm was involved in an act of public nudity when he proposed – and an unfulfilled desire to live in an 'Altbauwohnung'. The chance reunion with Renate quickly confirms this impression, for the narrator discovers that he had been the witness on that fateful night to the end of a dysfunctional marriage. Indeed, it quickly emerges that the collapse of the marriage and the development of Renate into an independent and professionally successful woman are two sides of the same coin; it was 'der Ausbruch aus der Ägyptischen Gefangenschaft' (*NM*, 25), as Renate puts it. We discover that Ramm's worship of Renate bordered on the masochistic, and the final straw came with the extent to which his passion for her was inflamed by the fact that she was being so violently sick on the night of the narrator's visit. Renate's subsequent success suggests that obsessive adoration of another human being only stifles the development of the adored.

The story highlights discrepancies between the male and the female views of relationships, not only in Ramm and Renate, but also in the perspectives of Lionel and Gisela.

A similar discrepancy is evident behind what the lorry driver in 'Eine Wendegeschichte' has to say about his adventures in eastern Europe. From the moment he first sees the two women with whom he is travelling east, he interprets their behaviour according to male sexual stereotypes. Vera, in particular, attracts a series of lascivious comments: 'Die Blonde, ganz schön üppig, also hier. Er hält die Hände mit weit gespreizten Fingern vor die Brust' (*NM*, 132). He concludes, of course, that the two women are prostitutes, and exposure to plenty of evidence that they are well-educated, intelligent and resourceful people who have bigger fish to fry does little to shake his conviction. After they collect their cargo, the driver guesses according to a predictable pattern that they are carrying metal bedsteads, provoking Vera to comment accurately: 'Du hast ne ziemlich schmutzige Phantasie, mein Lieber' (*NM*, 145). Of course, it later transpires that the cargo is much stranger and more disturbing; the episode could easily come from the James Hawes novel which the driver is reading on the train.[3] Nevertheless, it is the lorry driver's persistent belief that, even having abandoned her at a motorway service area, Vera would be interested in a sexual relationship with him that stretches the credulity of the reader, not the idea that a Mig fighter could be smuggled through post-unification Europe on the back of a lorry. The male character thinks only in terms of fulfilling his sexual needs, while the female characters are focused on business.

While 'Das Abendessen' and 'Eine Wendegeschichte' present unsuccessful relationships through the lens of comically unusual incidents, other stories in the volume reveal similar failures in a much more poignant light. The life story of the old lady in 'Der Mantel', recounted as she struggles up the staircase following the attack on her fur coat, is marked by unfulfilled relationships. She waited for eight years for her fiancé to return from a Russian POW camp after the war, only to find that he died there; she shared a friendship with a civil servant which she could never take beyond the platonic; and the sensual description of her work on the fur coat under the watchful gaze of the furrier Blaser hints at another missed opportunity: 'Einen Moment hatte sie gehofft, er würde sie einladen, einen kurzen, kühnen Augenblick hatte sie sich sogar ernsthaft überlegt, ob sie ihn nicht einfach einladen sollte, aber dann hatte sie ihm die Hand gegeben und war hinuntergegangen und nach Hause gefahren' (*NM*, 104-5). The sense of wasted opportunities such as this lies heavily on her life and the beautiful fur coat emerges as its sole significant product. But even the coat is ruined now, and the description of the woman's profound loneliness and disorientation at the end of the story is one of the most moving pieces of writing in Timm's work.

A failure to find orientation through personal relationships is not restricted to the old in Timm's stories. In 'Nicht morgen, nicht gestern' the female narrator is certainly a young woman. She recounts her visit to Dylan Thomas's boat house in Laugharne to meet up with Marc, a boyfriend whom she has only recently met. The narrator hints at problematic relationships in her own past, and there is desperation and insecurity in her excitement before she sets off: 'Es war das erste Mal seit fast drei Jahren, seit der Trennung, daß ich wieder mit einem Mann zusammen war, und es war so, wie ich zuvor mit niemandem gewesen war' (*NM*, 41). Her refusal to think beyond the present, to concentrate only on the chance of happiness today, gives the story and the volume their common title; but living only in the present seems to bring a willingness to overlook its shortcomings. In Laugharne the relationship turns sour and the location echoes the couple's problems in two ways. First, the dramatic, stormy, changeable Welsh weather is a pathetic fallacy for the troubled relationship and for Marc's latent violence. Secondly, the story of the dysfunctional marriage of Dylan and Caitlin Thomas casts a shadow over them. References to, and quotations from, Dylan Thomas's poems run through the story, and Marc, who is a failed academic-turned-tour-guide, is preoccupied with Thomas to the point of hero worship – and to the point that he argues viciously about him with the narrator. Perhaps because of her insecurities, the narrator does not seem to spot the obvious and ominous parallels between Marc's behaviour and that of Dylan Thomas towards Caitlin until it is too late, even when Marc comes back to the hotel room drunk. Perhaps, too, this explains the fact that she applies a quotation from Thomas's 'Poem in October' inappropriately to her own situation. The line 'That his tears burned my cheeks and his heart moved in mine' seems to the narrator to connect with the intensity of her feelings for Marc; in the context of the poem, however, the line does not have romantic connotations, but refers to the poet remembering himself as a child.[4] The quotation might capture something of how she feels, but the discrepancy in its interpretation seems to reflect her inability to use Dylan Thomas's biography to spot what is coming her way. As in 'Das Abendessen', the perspective of the female character does not mesh with that of her dominant, arrogant male partner, and his refusal to attempt to bridge the gap by explaining his behaviour destroys the relationship. The ending to the story hints that a lack of mutual understanding between genders – which, the story suggests, also marked the Thomas's marriage – is endemic. Rescued by a passing farmer after having been abandoned in the pouring rain by Marc, the narrator takes a photograph of her saviour when he drops her off at Swansea station. The adjectives she uses to describe the photo are enigmatic: 'Deutlich ist die Zahnlücke zu sehen, ein Lachen, offen, unverstellt, und doch ein wenig listig' (*NM*, 54). The narrator does not attempt to explain the apparent contradiction between these words; like so many characters in the collection of stories, she has no clear insight into what is going on in the minds of those with whom she engages, and the result is another in a series of discordant relationships which link the stories together.

The third key theme connecting the stories of *Nicht morgen, nicht gestern* is the presentation of a generational gap which can be just as disorientating as that between genders. An unnamed couple – he older, she much younger – appear as witnesses to the protagonists' experiences in several stories: they are in the pub in Laugharne in 'Nicht morgen, nicht gestern', for example; they are on the train listening to the lorry driver's lewd comments about Vera in 'Eine Wendegeschichte'; and they prefigure the key relationship of *Rot*. Their presence as a linking motif takes on added significance in the light of the unfortunate relationship between Renate and Ramm in 'Das Abendessen', where the age difference is thematized. As we have noted already, Ramm's greater experience is proposed as an explanation for his success with Renate, but we discover later in the story that this is just another way of saying that this was never a relationship of equals; the mature Renate reports that he vaccilated between patronising her and wishing to be dominated by her. The story also rotates around the age gap between the narrator and Renate on the evening of the meal and their identities some twenty-five years later, when they meet again. The narrator has difficulty reconciling Renate's professional success in the narrative present with his memories of her spoilt helplessness as a student. Both in the marriage and in the development in Renate's character, the story underlines the dislocations which a gap in time brings.

The most striking gap of this sort in the volume arises as a result of the order in which the stories appear, combined with the flexibility of Timm's narrative technique. In 'Screen', the third story in the volume, Timm's first-person narrator is the epitome of a modern man. The linguistic register he uses to narrate his experiences is an immediate and skilful indication of the generation to which he belongs. He swears in English, uses contemporay slang, and employs a variety of neologisms: 'gefrierschocken' (*NM*, 55) for the effect of his unreliable shower, for example, the computer jargon 'deleten' (*NM*, 56), and 'ganz schön vereyelinert' (*NM*, 73) for the tearful employee who gets the blame for crashing her boss's computer system. He has the most modern of jobs, earning a comfortable living as a computer expert, profiting easily from the ignorance of his customers of the latest technology. Inevitably, his mobile phone is never far from his grasp. He is more than a little contemptuous of those older than him, particularly when they try to hang on to their youth: he refers to his slightly older girlfriend as 'Mom' (*NM*, 69), and regards a man of 46 as an 'Uralt-Raver' (*NM*, 62). The narrator is an urban animal, entirely at home in the designer-label modern world, even to the extent that his mastery of technology makes him appear to have magical powers to those less up-to-date. Intriguingly, his exercise of those powers seems to be entirely devoid of conventional morality. He has no compunction about extorting large amounts of money from his customers for dealing with apparently severe computer problems which are, in fact, easily fixed; and yet, he puts the same skills to use in creating false medical insurance records to help illegal immigrants who are seriously ill. He uses his skills amorally, simply doing what he wants when he wants; that might mean gratuitously shooting a pigeon, but it could also mean saving a boy's life.

The contrast to the tone and theme of the fourth story in the volume, 'Der Mantel', could hardly be greater. The perspective changes to that of a restrained, omniscient third-person narrator and the linguistic register switches accordingly to a correct, fluent and precise German. This is not just the register of the narrator, it is the language which the old woman in the story uses in her own mind as she climbs the stairs to her lonely flat; but this is not the language of the world in which she now lives. Where the young narrator of 'Screen' is fully attuned to the contemporary environment, the old woman, we quickly realise, is entirely alienated by it, and the attack on her fur coat is just the latest and most upsetting cause of her bewilderment. Her home itself seems under attack from a world she does not comprehend. She can do nothing about the poor standard of cleaning in the public areas of the building, since it is done by African men who only speak English, a language which (in sharp contrast to the computer expert in 'Screen') she cannot understand; she is preoccupied by the mysterious building noises from upstairs, the cause of which she cannot fathom; and when she tries to find out from the owner of the building what is going on, the conversation only leaves her wondering uneasily whether she has been threatened with eviction. She is poor, isolated and afraid, with only memories of an unfulfilled life to occupy her. The importance to her of a conventional moral order, the absence of which gives her so much cause for concern in her home in the present, comes through her memories, and contrasts the amorality of the 'generation x' narrator of 'Screen'. She is still anchored in a world where it is not the done thing for a single woman to ask a man back to her flat, but where a fur coat is a perfectly proper garment to wear. Her skills in making and repairing fur coats are probably greater than the computer expertise of the narrator of the previous story, but they are not skills that have any place in the modern world. The expensive red bike of the computer expert is a sign of his success, his control of the world he lives in; the red paint on the woman's fur coat is a symbol of her utter alienation, the destruction of everything that held meaning in her life. Across the two stories, the apartment building comes to represent a modern society in which extremes must attempt to live together today, 'nicht morgen' and 'nicht gestern'. The dominance of the young over the old, of the present over the past, makes 'Screen' an entertaining story and 'Der Mantel' a very sad one.

Nicht morgen, nicht gestern is a fascinating and entertaining series of stories which, I have argued, should be read together as a coherent portrayal of contemporay life. The stories are closely linked together, not just through coincidences of character and event, but through motif and theme. The world that Timm describes in this way is one in which unusual stories attach to apparently ordinary people and objects; it is one in which telling stories is in itself a rewarding activity; but it is also a world where communication between men and women and between the old and the young often operates dysfunctionally. The shorter form of the stories gives Timm the opportunity to experiment with narrative perspective and tone in one volume; there are some very funny passages, but also some of the most moving in Timm's work. As has been noted, a number of the stories link in a variety of ways with Timm's earlier writing; but what connections exist with his more recent work? A comparison of Timm's approach in *Nicht morgen, nicht gestern* with his succesful novel *Rot* will now serve to illustrate the point that the stories can be read as a stepping stone towards the more extended development of certain themes and techniques.

Rot tells the story of the 'Beerdigungsredner' Thomas Linde through the circumstances of his death. Following the eventually fatal traffic accident with which the novel opens, Linde's life literally flashes before him, a process which provides the material for the rest of the novel. The first-person account of Linde's life is constructed around a remarkably similar constellation of narrative strategies to those which Timm employs in *Nicht morgen, nicht gestern*: a set of intertextual links runs throughout the novel; the process of telling stories is addressed repeatedly; the complexities of male-female relations are illustrated in detail; and the dislocation between generations emerges clearly from Linde's experience.

To take these points in turn, the connections between his own works which Timm develops in *Rot* operate in a similar way to those between the stories in *Nicht morgen, nicht gestern*. At one level, they could be taken as an intellectual game, a set of echoes the identification of which might give the informed reader a sense of self-satisfaction. If the snakeskin notebook owned by Iris, Linde's girlfriend, only hints at a connection with *Der Schlangenbaum*, for example, the reference to Namibia in one of his eulogies is a clear echo of *Morenga* (*R*, 23); and a scrimshaw carving, the cultivation of potato plants, and an allergic reaction to eating spicy sausage connect playfully with, respectively, *Der Mann auf dem Hochrad*, *Johannisnacht* and *Die Entdeckung der Currywurst*. In a broader context, however, these connections suggest that something of greater significance is at work. In one sense, the novel can be read as the third volume – after *Heißer Sommer* and *Kerbels Flucht* – in Timm's literary investigation of the impact of the student movement of the late 1960s, in which he and a number of his narrators were personally involved. Ullrich Krause, the protagonist of *Heißer Sommer*, appears in *Rot* as a second-hand book dealer living the simple life in the provincial town of Anklam. Krause's shop specialises in volumes related to the student movement; he is both a somewhat dusty relic of the turmoil of 1968 and a curator of the movement's archive. His seclusion symbolises the fact that the movement's politics is no longer fashionable in the Federal Republic, while the fact that he can just about earn a living suggests that there are still those who believe that something of its values is worth preserving. The connection is part of Timm's examination in *Rot* of what has become of the student radicals, an examination which emerges most clearly through Thomas Linde's own reflections on the extent to which he has betrayed the values of social justice and equality for which he once campaigned. Nor is this the first time that we have met Linde in Timm's work. The penultimate chapter of *Johannisnacht* is entitled 'Der Beerdigungsredner' and tells of the narrator's encounter (at a Currywurst stand) with a man who must be Linde; the potted description of his approach to composing a eulogy – 'Hat man bald n Gefühl dafür, ob [die Hinterbliebenen] weinen wollen oder sich hinter einem konzentrierten Ernst aufs Erbe freuen' (*J*, 253) – is identical to Linde's more detailed but equally sardonic account of his career in *Rot*. As in the case of the short stories, we are confronted with persuasive evidence to suggest that Timm's works should not be read in isolation. The technique of taking an incidental character from one story and developing them as the progatonist of another operates in microcosm in *Nicht morgen, nicht gestern*; in *Rot*, it works at the level of the whole of Timm's literary career through connections with the experience of 1968 and of post-unification Berlin which come together in the novel.[5]

If Thomas Linde himself connects Timm's works together, the way in which he exercises his profession also brings us back to a familiar literary theme from his short fiction, namely that of telling stories. It quickly becomes clear that the secular eulogies which Linde composes are designed to recount interesting tales from the lives of the deceased, 'denn ich übernehme nur Fälle, die mich interessieren' (R, 21). At the beginning of the novel, we see an example of Linde at work during the funeral at which he meets Iris. The eulogy for the young woman who worked in the film industry is embedded in erudite reflections on death, memory and love, for which Linde draws on examples from philosophy and literature, replacements for the conventional religious trappings. When he focuses on the individual, he gives only a brief overview of her 'Lebensstationen' (R, 22–3); rather than try to paint the whole picture, he focuses on the unexpected detail which serves to reveal the whole. In this case, it is the deceased's photographs of cave paintings in Namibia which attract his particular attention: 'In den zahlreichen Fotos, es sind meist Dias, teilt sich ein bewundernswertes Staunen über ein Fernes mit, das zu verstehen sie sich immer wieder bemüht hat, und das, jedenfalls erschien es mir so, mit ihrer Arbeit als Ausstatterin sich verbündet hatte, als eine Suche nach dem Hintergrund' (R, 23).

In its focus on the unusual detail of people's lives, Linde's synecdochic approach to his work here, and in the numerous other eulogies which he recounts, is strikingly similar to Timm's narrative strategy in *Nicht morgen, nicht gestern*; indeed, a number of the episodes which Linde recalls in connection with his work could easily stand as independent short stories in the volume. Here, too, they frequently revolve around the 'gezeichnete Dinge' familiar from the stories. Linde recalls at one point, for example, preparing a eulogy for a woman who, even according to her widow, had led an entirely unexceptional life. Linde then happens to notice a split in the piece of marble decorating a cupboard in their home and asks how the damage occurred; the story that is thus revealed is one of exceptional bravery and self-sacrifice, for the woman had helped to hide a Jewish neighbour during the Nazi period. The cupboard, a gift from the Jewish woman, had stood in the cellar in which she hid, where the damage to the marble was caused by the damp environment. It is an ugly object with an inspiring story behind it; and Linde's job, as he conceives it, is to cast light on that story and thereby to make sense of a life. As his own life begins to slip away from him, he summarises this approach in the third person: 'Er war Betrachter, wenn man so will, Chronist, gewinnt jedoch nicht auch der Chronist allein durch seine Tätigkeit dem Leben Sinn ab? Auch da, wo es so sinnlos schien? Selbst dem, der es gelebt hat? Dafür wurde er bezahlt, als ein Hagiograph des Alltags' (*R*, 425).

It is also clear from the account of stories like that of the cupboard with the broken piece of marble that *Rot* does not just – or even, primarily – consist of examples of Linde's eulogies; rather, the novel provides insights into how he researches and composes them. The process of composing a story therefore becomes the story, a circularity which is familiar from *Nicht morgen, nicht gestern*. The primary focus for this process in *Rot* is Linde's research into the life of his former friend Aschenberger. Their estrangement means that, in order to speak at Aschenberger's funeral, Linde must investigate his biography over the period since they last met, and, incidentally, confront his own past on the student left. Linde talks to relatives, watches a video of the deceased, and visits his flat, where he finds objects – a paper scale model of the *Siegessäule* and a quantity of explosive – behind which a hair-raising story hides. The excavation by Linde of that story is, in part, the story of *Rot*. A further cycle of this sort exists in Linde's own case, too. As has been noted, the novel begins with a justification for the narration itself: Linde has a fatal accident and his life flashes before him. The 'flash' is what we read in the rest of the book and it ends back at the moment of the accident, with Linde's experience of death. An account of how the material for the novel comes about is therefore built into the novel itself; and *Rot* comprises the unusual details from Linde's life which, were he in a position to do so, he would use to deliver his own eulogy.

A key figure in the process of uncovering the layers of Linde's life is, of course, his girlfriend Iris. At one level she functions as a technical device, since the age difference between her and Linde means that he has to explain a number of things from his past – particularly about Aschenberger – that he would not need to clarify to someone who had lived through the student movement. Iris's role is much more than a functional one, however, and she connects with the concerns familiar from *Nicht morgen, nicht gestern* in two ways: first, through her we are given an insight into the problematic nature of male-female relationships; secondly, the age difference highlights the discrepancy between attitudes of different generations, a theme which emerges so clearly from the composition of *Nicht morgen, nicht gestern*.

The intensity of the relationship between Linde and Iris is obvious even from his description of the moment when he first sees her at the funeral of her friend. He loses his place in the eulogy because of her gaze, and the adjectives he uses to describe it – 'neugierig, ja, gespannt' (*R*, 24) – seem out of place in the circumstances. The first-person perspective of the novel means, of course, that we only have Linde's account of how the relationship works, but he spends some time explaining what he believes she sees in him and, like a refrain, a lot of time on 'was ich an Iris am meisten mag'. In the former category, he believes that his erudition and his ability to tell stories forms a large part of the attraction, and we are reminded of Ramm and Renate of 'Das Abendessen'. He is a father figure, a source of oral history, 'der alles verstehende, nie moralisierende, auch recht belesene Übervater, oder besser noch der Analytiker, mit dem sie auch sexuelle Kontakte haben darf' (*R*, 189). As far as his feelings for her are concerned, the list of her virtues is a long one: he sees her as unconventional, sexually adventurous, emotional, and repeatedly capable of making him behave in ways that break the rules which he has carefully constructed around his existence. Even what he describes as her 'Nachtseite' (*R*, 44) – moments of introversion and self-doubt – appears to do little to detract from her desirability. And yet, as events unfold, it becomes increasingly clear that the expectations of the partners are at odds, just as they are in Timm's short stories. The fact that, even in the most sensual descriptions which Linde provides of Iris, it tends only to be one small part of her body which comes into focus – her lips, her legs, her hair, the scar on her neck – perhaps suggests that he is not able to grasp the whole person. Clear evidence of a discrepancy between the way Linde sees things and the objective evidence is apparent when Ullrich Krause asks him about his love life. The explanation that he gives of his relationship with Iris seems to correspond with the values of the sexual revolution of the late 1960s, rather than with the reality of Iris's intense attachment to him in the new millennium: 'es ist die Distanz – die schätzt sie, alles ist leicht, weil unverbindlich, keine Ansprüche, keine Forderungen nach Nähe, keiner, der sie verfolgt, belämmert, bequatscht, sondern einer, der sie einfach läßt' (*R*, 331). There is no evidence in the novel to confirm this assessment; on the contrary, she craves his attention and on a number of occasions we see Linde consciously attempting to dissipate the intensity of her feelings and slow the relationship down, to keep her at a distance, rather than the other way round. He does not want her to attend any of his speaking engagements, for example, and he is prepared to lie to her about the pressures of work in order to spend some time apart from her. Linde's involvement with Aschenberger's story, particularly in his desire to carry through the explosive plans for the *Siegessäule*, seems to drive a further wedge between them as he conceals aspects of what he has in mind. When she confesses their affair to her husband Ben, Linde's feelings are equivocal; alongside an atavisitc feeling of male triumph, there is 'Schreck. Das Wissen, daß sich mein Leben ändern, sich alles komplizieren wird' (*R*, 229). What emerges is a picture of an intense relationship, but one with which Linde is not entirely comfortable, as his difficulty in telling her he loves her reveals. The resulting sense of foreboding about what might happen as a result of this discrepancy seems to have an irrational connection to the disaster that befalls Linde: he has the accident just after the conversation with Iris in which he learns that her marriage is over.

Linde's perspective on the secondary characters in the novel seems to confirm the conclusion that relationships between the genders can never be based on satisfying mutual understanding. The accounts of the collapse of his marriage, for example, suggest that it was precisely as the partners got to know each other better that their interest in each other died. Infidelities and divorce eventually followed, leaving Linde's ex-wife Lena with a lover who does not speak German and with whom communication is at best a partial exercise. Linde's subsequent relationships seem equally unbalanced. His girlfriend Sylvilie, for example, is presented as a woman pathetically dependant on her husband; when she finally breaks the shackles and apparently moves on, she finds a partner in Linde who looks exactly like her ex-husband, even down to the tie which she gives him as a present. Nor are these failures limited to Linde's direct experience. Running through the story are references to Edmond, another friend from the days of the student movement. The collapse of his marriage with Vera leaves him a nervous wreck who is ready to bash his brains out against a wall; but the examples which Linde recalls of how their marriage worked from earlier in their lives suggest that it was always another dysfunctional relationship, marked throughout by vicious public rows. The relationships of Linde himself, Lena and Edmond are reminiscent of the position in which the narrator of the story 'Nicht morgen, nicht gestern' finds herself: expectations are deflated, communication lines are broken, and the individuals appear very isolated as a result.

The circumstances of the relationship between Linde and Iris allow Timm to return to another theme familiar from *Nicht morgen, nicht gestern*, that of the problems of communication across generations. To some extent, it is clear that the age difference between Iris and Linde – she is 21 years younger than he – is part of their mutual attraction. Linde believes that she likes the fact that he is an experienced, widely-read man, while Iris has her own theories about what she sees as the fixation on father-figures of most women: 'Entweder [die Väter] haben die Töchter vernachlässigt oder vergöttert. In jedem der Fälle, also praktisch in allen, sind sie als Liebhaber gefragt' (R, 175). The frequency with which Linde makes reference to the age difference begins to suggest that it might not just add something to their relationship, however. He notes uncomfortably how waitresses 'duzen' Iris and 'siezen' him, for example; and he forces himself to eat oysters for their supposed aphrodisiac qualities in order to keep up with Iris. The insidious nature of the ageing process repeatedly makes Linde feel disconcertingly out of step with the reality of his environment: 'Manchmal, überraschend, sehe ich mich in den Spiegeln einer Boutique, einer Parfümerie, eines Schuhgeschäfts. Meist kann ich das Bild, das in einem Augenblick vorbeigeht, nicht mit dem zusammenbringen, das ich von mir im Kopf habe. Meine innere Zeit hinkt gute acht Jahre hinterher' (R, 45). Iris, by contrast, seems entirely comfortable with her identity in the modern world; thus she embraces technology in a way that is strikingly similar to the narrator of the story 'Screen'. Her business card, which she gives to Linde when they first meet, emits its own light and lists all of the details of modern communication: 'Straße, Telefonnummer, Faxnummer, Handy, E-Mail' (R, 34). Similarly, her job – lighting rooms, buildings, theatre stages – is made possible by and is dependent on the latest technology. She lives entirely in the present. Linde, on the other hand, is a Luddite in his professional work and sees himself clearly in the historical context of his own biography. Much of the novel concerns his need to come to terms with political and personal failures which date back over thirty years. The exploration of his memories of Aschenberger and the student movement make interesting topics of conversation between Iris and Linde, at least up to a point; but she is not part of that world and her attention sometimes wanders. She is fascinated by his stories of free love, but crucially she does not share the political values that shaped Linde's experience of the 1960s and cannot communicate with him at that level. While Linde is considering blowing up the *Siegessäule* because of its associations with German militarism, to his girlfriend the monument connotes only the Love Parade. History is dead for Iris: 'Das kann man doch gar nicht ernst nehmen, nicht mehr heute, das ist nur komisch, sagte Iris, als wir vor der [Siegessäule] standen' (*R*, 104).

Other Germans of Iris's generation display a similar indifference to the lessons of German political history. Her husband Ben listens politely to Linde's story about Karl Löffler, the *Gestapoleiter* from Cologne who made the city 'judenfrei', but responds: 'Meine Güte, das ist fürchterlich, aber alles bekannt, hat doch einen Bart' (*R*, 138). Linde despairs: 'Ist nur das empörend, was neu ist?' (*R*, 138). If Linde wishes now to find a young person who shares the political values that shaped his student life, he must look outside a conventional German background, to Iris's Turkish-German friend Nilgün. She is the 'Engel der Empörung' (*R*, 152) who always sides with Linde in political arguments and who has a passion for social justice which leaves him thinking of himself in the 1960s. When Iris realises that she cannot communicate with them at the political level, her response is highly personal sexual jealousy: 'Wenn du mit Nilgün etwas anfängst, mach ich dir eine Szene, daß sich niemand mehr von dir begraben läßt' (*R*, 175).

With the exception of such cases informed by ethnic difference, young adults, it seems, simply do not possess the political and social awareness of the 1968 generation. Of course, through Aschenberger's example, Linde comes to recognise that he has lost any practical commitment to these values, but at least he belongs to a generation that believes that they are still worth pursuing. The confrontation between an older generation which possesses a set of moral and political principles and a younger generation which is attractive, energetic, but apolitical and amoral is illustrated briefly in the juxtaposition of 'Screen' and 'Der Mantel' in *Nicht morgen, nicht gestern*; it then becomes one of the focal points of *Rot*.

The difference in scale between the short stories of *Nicht morgen, nicht gestern* and the 400-page novel *Rot* are obvious and this chapter does not seek to argue that the work of such a subtle and entertaining writer as Timm can be reduced to one single formula. At the same time, it seems clear that there are a number of fundamental similarities in Timm's approach in the two books. In the first place, they share a set of intertextual links within his *oeuvre* which suggest that his most recent writing involves a process of development and adjustment of what has gone before. This contention is confirmed by the way in which the highly autobiographical volumes *Am Beispiel meines Bruders* and *Der Freund und der Fremde* revisit episodes from Timm's life which are alluded to in earlier works.[6] Secondly, *Nicht morgen, nicht gestern* and *Rot* display a striking similarity in the interest of their narrators in the unexpected detail which lies behind the mundane façade. This approach is, of course, part of the tradition of short-story writing; but in Timm's case it has as its corollary the fact that the act of recounting such detail itself becomes part of the narrative. Story telling in Timm's world is an exciting, sometimes lucrative, sometimes erotic enterprise which has become a central theme in his work. Finally, both volumes are constructed around the problems of interpersonal communication. These are evident in the two volumes in relationships between the sexes and between the generations. For all the humour and lightness of touch which is characteristic of so much of Timm's writing, the sense that human beings in contemporary society are isolated and frequently at odds with each other is powerful in both books. One could perhaps argue that the illustration of generational differences, above all, has an autobiographical dimension for a writer who has passed his sixtieth birthday. While Timm's early work offers a view of the resentments and frustrations of the angry young people of the student movement in the face of the inflexibility of their parents, these texts are marked by feelings of insecurity in characters who have reached a certain age. The presentation of the dislocation between people is a humorous, intriguing, and moving aspect of both books. In all of these areas a close reading of the stories brought together in *Nicht morgen, nicht gestern* offers considerable insight into the direction which Timm's longer fiction has taken in the twenty-first century.

Notes

[1] Martin Lüdtke, 'Nicht morgen, nicht gestern', *Die Zeit*, 9 December 1999.

[2] See, for example, the opening chapter of *Johannisnacht*, in which the narrator describes an episode of writer's block. Hartmut Steinecke has drawn similar conclusions about the self-referential nature of the endings to Timm's texts. See H. Steinecke, 'Das Ende der Geschichte. Zu Uwe Timms Erzählschlüssen', in Helge Malchow (ed.), *Der schöne Überfluß. Texte zu Leben und Werk von Uwe Timm* (Cologne, Kiepenheuer & Witsch, 2005), 252-9.

[3] Uwe Timm met the writer and academic James Hawes during his visit to the Centre for Contemporary German Literature in Swansea. The picaresque adventures of the protagonists of Hawes's *A White Merc with Fins* (1996) and *Rancid Aluminium* (1997) are not dissimilar to those of Timm's lorry driver.

[4] Dylan Thomas, 'Poem in October', in Walford Davies and Ralph Maud (eds.), *Dylan Thomas. Collected Poems 1934-53* (London, Everyman, 1993), 86-8.

[5] Uwe Timm explains in the interview in Chapter Two of this volume that Timm is currently working on a third novel set in post-unification Berlin.

[6] See Timm's comments on his autobiographical project in Chapter Two of this volume, and Rhys W. Williams's essay on *Der Freund und der Fremde* in Chapter Eight.

7

'A Perfectly Ordinary Childhood': Uwe Timm's *Am Beispiel meines Bruders*[1]

RHYS W. WILLIAMS

The response of many contemporary German critics to Uwe Timm's *Am Beispiel meines Bruders*, has been to view it as a contribution to the exploration of German wartime suffering which has been associated with the normalization of Germany after unification. In particular, parallels have been drawn with Hans Ulrich Treichel's *Der Verlorene* (1998) and Bernhard Schlink's *Der Vorleser*.[2] Admittedly, these works share a concern with the way in which traumatic wartime events affected a post-war generation, producing dislocation and deformation in the lives of those who did not witness these events at first hand, but whose upbringing was nevertheless scarred by the unwillingness or inability of their parents' generation to articulate that wartime experience. It seems that it is only with the more recent passing of that wartime generation that their children, born late in the war or in the immediate post-war period, feel able to articulate what has been left unsaid and can begin to explore the indirect and heavily mediated effects of the war on their own values. In Timm's case the process runs counter to any tendency to exculpate: his starting point is the quest for an unpalatable truth about a brother who might have been involved in Nazi war crimes. If the text finally exonerates the brother of any specific charge, it still presents a searing indictment of the values with which the brother was inculcated. The brother may have been a victim of these values, but he remains, potentially at least, a perpetrator. Timm's historical research is, it should be noted, thorough and detailed enough for his book to have been figured, bizarrely, among the best-selling works in *Der Spiegel* under the category 'Sachbücher'. While it is quite legitimate to explore Timm's text in the context of the contemporary debate about normalization, the approach adopted here is more closely focused on the aesthetic qualities of the text, on its structural and formal features. If an attempt is made here to contextualise the work, then it is undertaken in the interest of locating it in the context of Timm's own literary development.

The autobiographical text, *Vogel, friß die Feige nicht* (1989), recounting Uwe Timm's stay in Rome, includes within its first few pages, a section devoted to his brother. Here the brother appears in a dream, a suppressed memory of a brief visit home, between his training for the *Waffen-SS* and his death on the eastern front:

> Träumte von meinem Bruder, der – meine einzige Erinnerung an ihn – sich hinter einem Besenschrank versteckt hält. Er will mich, seinen kleinen Bruder, überraschen. Aber ich sehe seinen Kopf, sein blondes Haar. Er war damals, wie man mir später erzählte, auf der Durchreise von Frankreich nach Rußland, wohin seine Division verlegt worden war. (*V*, 17)

Here Timm offers us the first glimpse of the material which forms the substance of *Am Beispiel meines Bruders*. In the earlier text the bare outlines of his brother's wounding and death, the story of his initially abortive attempt to enlist, and the bizarre encounter with the escaped lunatic, are followed by the brief reference to the personal effects which are returned to the family from the eastern front after his brother's death. The diary mentioned here will form the scaffolding for *Am Beispiel meines Bruders*.

In *Vogel, friß die Feige nicht* the reference to the brother is, significantly, triggered by a dream, located early in the text, at the start of Timm's period in Italy. It is as if the disturbance to his usual Munich routine, his encounter with a whole new set of Italian impressions, has unlocked an intensely personal experience. In the excursus in memory of Heinar Kipphardt which closes the volume Timm recalls Kipphardt's enthusiasm for Italy and his sudden acknowledgement of his friend's reasons for spending a year away from Germany: 'er verstand jetzt den Wunsch, hier zu leben, diesen Versuch, sich in der Fremde als Fremder zu begegnen, mit dieser kleinen Distanz zu sich, zu den Freunden, zu den Gewohnheiten, zur Sprache, um sich selbst auf lustvolle, neugierige, spielerische Weise in Frage zu stellen, von außen zu sehen [...]' (*V*, 155). The sense of openness to new experience, vulnerability even to an unfamiliar milieu and a different set of cultural expectations, is largely exploited in Timm's text for its comic potential, though the confrontation with the everyday irritations of Italian life also has a more serious side. Timm is constrained to explore his own cultural expectations, his Germanness, reflecting on national stereotypes, and examining his own socialization, his upbringing and education, the prejudices and clichés about Italy with which he has been imbued. It is small wonder, then, that the Italian experience prompts Timm to confront his own values and delve deeply into his earliest memories.

The intensely personal nature of *Am Beispiel meines Bruders*, and the fact that other family members were still alive, seems to have acted as an inhibiting factor. The subject matter seems to have been both urgent and uncomfortable, pressing and yet postponable: 'Mehrmals habe ich den Versuch gemacht, über den Bruder zu schreiben. Aber es blieb jedesmal bei dem Versuch' (*B*, 10). This tension might explain the first tentative broaching of the subject in *Vogel, friß die Feige nicht* and the curiously oblique way in which it surfaces in *Johannisnacht* (1996). There, the first-person narrator, in a vodka-induced dream, conjures up the same broom-cupboard behind which Timm's brother hides in *Am Beispiel meines Bruders*. The passage is worth citing in full:

> Es war, als bewegten sich diese aufgetürmten Möbelstücke im Wind, ja, wie Bäume bogen sie sich, das Holz ächzte, im Schatten, am Boden, kniete mein Bruder, den ich nur von Kriegsfotos kannte. Er versuchte eine Schublade aufzuziehen, er kniete, ich hatte vergessen, daß ihm die Beine fehlten. Es ist so mühsam, sagte er, von hier unten an die Schrankschubladen zu kommen. Büroschränke. Ich begann alle Schubladen herauszuziehen. Sie waren angefüllt mit Papier, sorgfältig zu kleinen Kugeln zusammengeknautscht. Ich entfaltete eines dieser Knäuel und sah, es waren von mir beschriebene Seiten. Der Bruder wollte aber eine bestimmte Schublade geöffnet haben. Sie ließ sich als einzige nicht herausziehen, auch nicht mit Gewalt. Sie klemmte. Ich zog nur schwach, tat aber so, als zöge ich mit aller Kraft. Wollen mußt du. Los, sagte mein Bruder. (*J*, 107)

It is as if the brother were demanding an as yet incomplete text. The narrator has filled the filing cabinet with the detritus of his previous unsuccessful attempts to articulate the pressing subject-matter. Seeking to respond to his brother's insistence, he is not yet ready ('klemmen' suggests 'verklemmt'), and can only feign a willingness to engage himself. But the filing cabinet drawer sticks, and it is the narrator (rather than the brother) who is reluctant to open it. This minor episode in what is otherwise a playful and lighthearted novel is meant, I think, to indicate that the pressure is beginning to mount on Timm's narrative self; the theme is becoming too insistent to be resisted for much longer.

Naturally, personal considerations, discretion in respect of surviving family members, make the enterprise particularly problematic, as the text itself makes abundantly clear: 'Ein anderer Grund war die Mutter. Solange sie lebte war es mir nicht möglich, über den Bruder zu schreiben' (*B*, 11). But the mother's death in 1991 does not appear to have freed the obstruction. Only the death of the sister, whose unfulfilled life and all too brief final happiness contribute to the recurrent theme of the text, appears to have removed the blockage and enabled Timm to confront what is, I suggest, the most pressing concern of his fiction: the values of his family background and the various ways in which they were shaped by the social and political history of Germany, and the effects which this process of socialization had on his own values and attitudes: 'Erst als auch die Schwester gestorben war, die letzte, die ihn kannte, war ich frei, über ihn zu schreiben, und frei meint, alle Fragen stellen zu können, auf nichts, auf niemanden Rücksicht nehmen zu müssen' (*B*, 12). This moment of breakthrough is significant enough to occupy its own prominent position in the text. The narrator/author, jogging on a March day through the Englischer Garten in Munich, experiences a sudden sense of release: 'Noch im Laufen wußte ich, heute würde ich, was ich seit Wochen aufgeschoben hatte, über sie schreiben können' (*B*, 112). Significantly, the plural personal pronoun here signals that it is the whole family, rather than simply the brother, which will be the focus of the text, and indeed each family member is granted significant space in the narrative. The narrator is clearly aware of this issue: 'Über den Bruder schreiben, heißt auch über ihn schreiben, den Vater. Die Ähnlichkeit zu ihm, meine, ist zu erkennen über die Ähnlichkeit, meine, zum Bruder' (*B*, 21). Almost inevitably, though, it is the figure of the father which will come to dominate the text, even as he has dominated the family. While the brother's life has to be painfully reconstructed from memories, family narratives, photographs and documents, the father's authoritarian values are experienced at first hand and continue to resonate with the narrator years after the father's death.

In her perceptive analysis of *Vogel, friß die Feige nicht*, Simonetta Sanna points out that the integration of different sorts of text produces a highly literary structure.[3] The literary strategy behind *Am Beispiel meines Bruders* is not dissimilar. The text is made up of firsthand memories, letters from the brother to the father and *vice versa*, reflections by the narrator from the perspective of the present, interpolated fairy stories, a number of dreams, reflections triggered by photographs or drawings, memories mediated through familiar narratives, the outcome of the narrator's own historical research, the brother's actual diary entries, general reflections on language and its limited capacity to express a reality which is beyond comprehension and hence beyond expression, thoughts prompted by everyday objects, and references to other literary and philosophical texts. The juxtaposition of these snippets, or rather what may better be described as their artistic composition, produces a curious effect. The intensely personal, the diary, personal letter or private dream, intercut with documentary evidence and historical sources, illuminate one another; the gaps between them provoke reflection and adjustment. The reader is challenged to contextualize the intensely personal and private, to view it as exemplary, as 'beispielhaft'. This is the significance of the title which Timm gives his work: not 'Mein Bruder zum Beispiel' , but 'Am Beispiel meines Bruders', in which the personal and private, while illuminating in itself, comes to represent the history of a mentality, a set of values far more pervasive. It is the values, rather than the figure of the brother, which lie at the heart of the fiction. The form of the narrative, then, is its central meaning, its theme.

The epigraph with which Timm opens his novel serves both to highlight the tension between the personal and the political and to hint at the process of conjuring up, and reflecting, on the past. The two lines of poetry are taken from William Carlos Williams's 'To Mark Anthony in Heaven':

> above the battle's fury–
> clouds and trees and grass–[4]

The poet's enclosed space, 'my north room', is pervaded by the reflections of the world outside, the grass, clouds and trees, evoked in different order four times in the poem. Mark Anthony's love of Cleopatra, his decision to follow 'that beloved body' with his ships at Actium, is prompted by an intensely personal involvement, though the effect is to shape the outcome of the battle and history itself. The 'clouds and trees and grass', the sheer ordinariness of the natural world, contrast with the battle, and become ciphers for a personal sensitivity to nature (and to love) which transcends historical and military concerns. Moreover, in the last two lines of the poem, it is as if Mark Anthony acknowledges that distinction, becoming the ideal reader, 'listening in heaven'. Perhaps Timm's brother, too, is 'listening in heaven', the ideal reader who can, in retrospect as it were, comprehend, thanks to the text, the tension between the personal and the political of which, in life, he seemed oblivious. That Timm should light upon this poem, a very early work which Robert J. Cirasa dismisses for its 'adolescent fantasy' and 'silly sexuality',[5] is perhaps surprising, but it is clear that he was struck by the obvious parallels with his own literary text.

My title has been chosen advisedly: this is, of course, no ordinary childhood and those readers who have experienced, thankfully, even more ordinary childhoods will be acutely aware of the difference. The epithet 'ordinary' in the title is the translation of the German 'normal'. Christopher R. Browning's book *Ordinary Men. Reserve Police Batallion 101 and the Final Solution in Poland* (1992) appears, in its German translation, as *Ganz normale Männer*. Timm, who cites this text[6] on more than one occasion as one of his sources for the point that those who refused to shoot Jews were able to do so without reprisal or retribution, fixes upon the German epithet 'normal' to convey the extraordinary conditioning process which made the holocaust possible. The term has a dual function: it is ideologically significant, highlighting the way in which a set of social values can be so internalized, so pervasive, that alternative choices become unthinkable. But it is also structurally significant: quite disparate sections of the narrative are linked by the use of the term. Permit me to offer some illustration of this process. The narrator is struck by the lapidary comment in his brother's diary: 'Wir bauen die Öfen der Russenhäuser ab, zum Strassenbau' (*B*, 92). There is no mention here of the suffering which this destruction must have caused; nor is any reaction on the part of the Russian populace noted. The brother seems to see no connection between the wanton destruction of Russian homes and the bombing of Hamburg: 'Wenn der Sachs bloß den Mißt nachlassen würde. Das ist doch kein Krieg, das ist ja Mord an Frauen und Kinder – und das ist nicht human' (B, 93). The narrator comments on this dissociation of sensibility: 'Die Tötung von Zivilisten hier normaler Alltag, nicht einmal erwähnenswert, dort hingegen Mord' (B, 93). After citing further entries from the brother's diary and having reflected on the fact that other published sources refer explicitly to the suffering of the civilian population, he remains bemused. On the one hand he is relieved that the brother supplies no Nazi justification for what is occurring, on the other he is surprised that events are simply registered without comment: 'In dem Tagebuch des Bruders findet sich keine ausdrückliche Tötungsrechtfertigung, keine Ideologie, wie sie in dem weltanschaulichen Unterricht der SS vorgetragen wurde. Es ist der normale Blick auf den Kriegsalltag' (B, 95). A few pages later this is reinforced. In the process of his research about his brother's batallion, the SS 'Totenkopf' Division, his constant fear is that he will discover that it, and hence, by implication at least, his brother, was involved in the shooting of civilians, or hostages, or of Jews: 'Aber das war, soweit ich herausfinden konnte, nicht der Fall. Es war nur der normale Kriegsalltag' (B, 102). In a later section, in a further reference to Christopher R. Browning's book, the narrator notes:

> Es gab Männer, einige, wenige, die sich weigerten, Zivilisten zu erschießen. Die wurden daraufhin nicht erschossen, wurden nicht degradiert, auch vor kein Kriegsgericht gestellt. Einige wenige haben Nein gesagt, wie Browning in seinem Buch belegt, aber das waren eben nicht die normalen Männer. (B, 141)[7]

The normality of the brother's perception of war is clearly presented as the product of a conditioning through his upbringing and army training. The brother has fully internalised the values of his father, which were in turn the values of a social collective, a product of his *Freikorps* days. Bravery, 'mutig sein', meant, for the father, overcoming physical fear, whether in the face of the enemy on the eastern front or by jumping into a swimming-pool (see B, 57). Significantly, the sister, thrown into a pool, fails to swim and becomes a victim of this ideology of bravery (B, 51). The narrator notes: 'Die Erziehung zur Tapferkeit – die ja immer als Tapferkeit im Verband gedacht war – führte zu einer zivilen Ängstlichkeit'

(*B*, 72). The brother – 'der tapfere Junge' (*B*, 60) – overcomes his own rather anxious and sickly childhood and by volunteering for the *Waffen-SS* fulfils his father's notion of bravery and self-sacrifice. The father's values, epitomised by the phrases 'Durchhalten', 'Geradestehen' (*B*, 134–5), 'Reiss dich zusammen' (*B*, 135), 'das Kinn an die Kragenbinde' (*B*, 139), represent the social norm.

The connection between the prevailing public and private values is nowhere more vividly evoked than in the episode in which the boy is beaten by his father for a minor misdemeanour: 'Der Junge war zu spät gekommen und hatte, was er besorgen sollte, vergessen' (*B*, 148). Interestingly, the use of the term 'der Junge', the term the father would have used, rather than the first person, shows the narrator adopting the father's perspective, internalising the father's values. In the event, the father sends the boy home with the threat that later he will be punished, and after several hours of trepidation on the boy's part, the father arrives home, takes off his belt and thrashes the boy. The punishment was meant to be exemplary; it was the only occasion on which the father meted out physical punishment, but it bred an anger which refused to subside. The structural link is made clear:

> Die Gewalt war normal. Überall wurde geprügelt, aus Aggression, aus Überzeugung, aus pädagogischem Ermessen, in der Schule, zu Hause, auf der Straße. [. . .] Die Gewalt zu Hause und auf der Straße fand ihre Lizenz durch die Gewalt des Staates und durch die Gewaltbereitschaft in der Politik. Die Kriegsbereitschaft. (*B*, 149)

The epithet 'normal', then, applied as it is to both public and private spheres, links these spheres structurally, illuminating the way in which collective values are internalized within the family. That the word is placed in italics on a number of occasions (though by no means invariably) merely serves to underscore the importance of such structural links. The text, in undermining ordinariness ('das Normale'), postulates an alternative, a kind of civil courage which can only be defined negatively, as saying no to the collective, whatever that collective might be. The brother's text is utterly devoid of overt Nazi ideology, but it also lacks any hint of criticism: 'Es spricht daraus – und das ist das Erschreckende – eine partielle Blindheit, nur das Normale wird registriert' (*B*, 152). The implication is, of course, that Timm's own text represents a counter-text, that it celebrates those who say no, that it registers (and deconstructs) ideologically loaded language and that it can call into question social realities. Timm's own literary strategy emerges by implication at least from his questioning of the brother's diary.

If the experience of this one family is in a sense the product of its internalization of a collective value system, then it follows that its highly individual experience is also representative. For the parents, their loss – 'den Jungen verloren und das Heim' (*B*, 91) – has made them victims, 'Opfer eines unerklärlichen kollektiven Schicksals. Es waren dämonische Kräfte, die entweder außerhalb der Geschichte walteten oder ein Teil der menschlichen Natur waren' (*B*, 91). Rather than seeing their own values as contributing to a climate in which such horrors could occur, they refuse to face up to their responsibility. Their 'Totschweigen', their 'Nichtdarüber-Sprechen', in the post-war Federal Republic, is the only way in which they can retain their sense of the collective that they need so much. During the account of the post-war years the narrative tone of the text becomes harsher, less forgiving, more radical. With the arrival of the occupying forces the old authority of the parents' generation disappears, leading the narrator to remark: 'Wahrscheinlich gibt es einen Zusammenhang zwischen dieser Erfahrung und der antiautoritären Bewegung der Studentenrevolte, die sich gegen die Vätergeneration richtete' (*B*, 69). The son, growing up amid collective guilt, collective self-justification and a collective failure to explore wider ideological issues, rails against 'dieses spürbar Sich-um-die-eigene-Schuld-Drücken, eine Schuld, die sich nicht aus einer einzelnen Verfehlung ergab, sondern aus der Haltung, eben aus jener Haltung, die nur Befehle und Gehorsam kannte' (*B*, 135). Timm's own much later reaction to this conspiratorial silence was to produce texts in which fictional characters, notably fathers and sons, are depicted in situations of conflict, in other words, he sought to use literature to articulate and explore what was otherwise 'totgeschwiegen'.

One example of that literary strategy will suffice here. In *Heißer Sommer* (1974) one of the key factors in Ullrich's development is his relationship with his father. If Ullrich has the tendency to dismiss all forms of authoritarian behaviour as 'fascist', this may be understandable in the light of his father's obsessive preoccupation with his war on the Russian front, his early membership of the SA, and the volumes of Simmel and Dwinger which rub shoulders with Goethe and Schiller in the family bookcase. The episode in that novel when Ullrich returns home with his current girlfriend, Christa, serves as a reminder of the parental values from which he seeks escape. His father's war memories and stereotypical judgements on foreigners prompt in Ullrich reflections on an alternative German past, on resistance to National Socialism. What, in particular, triggers the quarrel and ensuing estrangement from his father is, as Ullrich reports to his friends, his father's sentimentality about the war:

> Sein Vater habe gesagt, damals habe man noch Weihnachten feiern können oder so ähnlich. Er habe ihn daraufhin gefragt, wann das gewesen sei. Unvergeßlich, habe sein Vater gesagt und dabei zum Weihnachtsbaum hinübergesehen, unvergeßlich sei ihm die letzte Kriegsweihnacht geblieben, vierundvierzig, damals.
> Da habe ich ihn angeschrien. Ich habe gesagt, er solle doch nach Vietnam fahren, da hätte er seine Kriegsweihnacht. (*HS*, 158)

What is presented as 'totgeschwiegen' in the Timm household and in the West Germany of the 'Wirtschaftwunder' is articulated, with characteristic vehemence and aggression, by the student generation of the late 1960s and early 1970s. Moreover it is articulated in exemplary confrontations in Timm's own fictional reconstruction of that period. The sentimentality of the father's reminiscences in *Heißer Sommer* is unmasked by Ullrich as a refusal to confront the political realities of either the past (National Socialism) or the present (Vietnam).

One striking feature of *Am Beispiel meines Bruders* is the use of dreams. Their function is again two-fold: they illuminate the complex relationship of the narrator to his material, but they also have structural significance, drawing together what would otherwise remain disparate elements of the text. As the narrative progresses the reader is able to pick out from the dreams those elements which allude to experiences which have been evoked elsewhere. Here I offer one example of each dream. The first dream mentioned in the text seems to signal the narrator's struggle with his recalcitrant material:

> Jemand will in die Wohnung eindringen. Eine Gestalt steht draußen, dunkel, verdreckt, verschlammt. Ich will die Tür zudrücken. Die Ges-

talt, die kein Gesicht hat, versucht, sich hereinzuzwängen. Mit aller Kraft stemme ich mich gegen die Tür, dränge diesen gesichtslosen Mann, von dem ich aber bestimmt weiß, daß es der Bruder ist, zurück. Endlich kann ich die Tür ins Schloß drücken und verriegeln. Halte aber zu meinem Entsetzen eine rauhe, zerfetzte Jacke in den Händen. (*B*, 12)

The incursion of the brother seems to indicate that the material is pushing its way into the narrator's consciousness, demanding entry as it were, refusing to go away. While the narrator struggles to keep the material out, and eventually succeeds in locking the figure of the brother out, the success is only partial. Elements of the material, symbolized by the tattered jacket, succeed in gaining entry. This is, one might suggest, the point of departure for the narrator. Tattered remnants of the brother's story have succeeded in gaining entry to Timm's earlier fiction, but in much attenuated form. This text embodies an opening of that door, a facing up to the 'Entsetzen' which giving a face to the brother will require. The last dream of the text has a somewhat different function:

Träumte – ich lief durch Bunkergänge. Die Feuchtigkeit tropfte von den Betondecken und hatte am Boden bizarre Stalagmiten gebildet. Melder in Uniform kamen mir entgegen, liefen wie bei einem Slalom um die Stalagmiten. Türen wurden mit Eisenhebeln aufgestemmt. In einem Raum, der von außen beatmet wurde, saß der Vater und erklärte mir, wie man von einem Zehnmeterbrett springt, ohne flach auf das Wasser aufzuschlagen. Ich sprang und wachte auf. (*B*, 148)

The bunker evokes both the military world of the brother and the air-raid shelter which forms one of the narrator's earliest memories. Just such a shelter reappears in *Die Entdeckung der Currywurst* (1993). Even in the present text we have a post-war descent into a shelter 'wie ein Rückstieg in die Kindheit, das Feuchte, Beengende, Röhrenhafte, Labyrinthische' (*B*, 41). The stalagmites suggest the age of the bunker and the 'Melder' again evoke a military environment. The doors and the external air supply indicate a completely hermetically sealed world. The father who sits there is the opposite of the real father, while the narrator can lament:

niemand hat mir je erklärt, wie man abspringt, mit dem Kopf voran, aber nach vorn, nicht nach unten, sich abstoßen vom Brett, nicht fallenlassen. [. . .] Das Zehnmeterbrett wartet noch auf mich. Ein Gefühl wie ein Befehl: mutig sein. (*B*, 57)

This father takes the trouble to explain about diving safely. By the time this dream is recounted, the reader is familiar with the swimming pool story and can begin to make some connections.

Although the brother's diary forms an essential part of the text, inviting the narrator (and the reader) to search in vain for clues to more sinister happenings, or to read into the mundane text what is not there, it is, in fact, not especially illuminating, and its ordinariness is precisely the point. While the day-to-day diary entries offer only glimpses of the vast military manoeuvres of which they form part, they convey a crucial turning-point in the war. Hitler's Operation 'Zitadelle', involving the retaking of Charkow and the advance towards Kursk, and the overwhelming counterattack which it prompted, marked a turning-point in the war. While Stalingrad marked the end of the beginning, this battle marked the beginning of the end. One can follow in the *Kriegstagebuch des Oberkommando der Wehrmacht* the strategic position of the *Waffen-SS* 'Totenkopf' Division and the day-to-day *Wehrmacht* reports match with remarkable accuracy the brother's impressions. It is less the diary entries that are significant than the way in which they are marshalled in the text. One entry is repeated three times in the narrative. Between the last dated entry and the brother's wounding comes the entry: 'Hiermit schließe ich mein Tagebuch, da ich für unsinnig halte, über so grausame Dinge wie sie manchmal geschehen, Buch zu führen' (*B*, 124, 151, 159). On the first occasion the remark is glossed as a comment on the suffering of the victims, as a refusal to face up to the ultimate responsibility for that suffering; on the second occasion, the narrator ponders whether the brother has witnessed something more horrible than he can comprehend or express, but again concludes that the comments indicate 'die Abwesenheit von jedem Mitempfinden'; on the final occasion the words simply bring to an end the narration. With this sentence the brother's diary coalesces with the narrator's attempt to demythologize, to deconstruct, to generalize the brother's experience. The 'Buchführung', both of the brother and of the narrator, though these have operated throughout on a different plane, reach their conclusion simultaneously.

While the brother's silence, his refusal to reflect on the terrible experiences which he must have witnessed, signals a moral deficiency, those same words acquire, for the author/narrator, a certain irony. He has by no means thought it 'unsinnig' to catalogue these atrocities; he has researched them assiduously and explored carefully all the moral and political ramifications. The brother's diary becomes, in a sense, a counterpoint to Uwe Timm's own fiction. His novels are concerned to explore the multifarious ways in which his family background was shaped by the social and political history of Germany, and moreover the ways in which that history is present in the values and attitudes of his protagonists. His fiction teases out the moral and political implications of those values, relating them to prevailing ideologies and value systems. If the brother's diary embodies the 'Abwesenheit von jedem Mitempfinden', Timm's narratives embody the opposite, namely a hypersensitivity to the impact of ideology (whether those of German colonialism, or National Socialism, or student radicalism) on personal values.

Notes

[1] The current chapter is a revised version of the German article by Rhys W. Williams which appears in Frank Finlay and Ingo Cornils (eds.), *(Un-)erfüllte Wirklichkeit. Neue Studien zu Uwe Timms Werk* (Würzburg, Königshausen & Neumann, 2006). It appears with the kind permission of the editors and publisher.

[2] For a link between *Der Vorleser* and *Der Verlorene*, see Stuart Taberner, 'Hans-Ulrich Treichel's *Der Verlorene* and the problem of German wartime suffering', in *The Modern Language Review*, 97 (2002), 123-34 (132) and Rhys W. Williams, '"Mein Unbewußtes kannte [...] den Fall der Mauer und die deutsche Wiedervereinigung nicht": the writer Hans-Ulrich Treichel', in *German Life and Letters*, 55 No. 2 (April 2002), 208-18 (209).

[3] Simonetta Sana, 'Eigenes und Fremdes, Lust und List. Uwe Timm's römische Aufzeichnungen', in Manfred Durzak and Hartmut Steinecke (eds.), *Die Archäologie der Wünsche. Studien zum Werk von Uwe Timm* (Cologne, Kiepenheuer & Witsch, 1995), 171-98 (173).

[4] The poem appears in the section entitled 'The Tempers' in William Carlos Williams, *The Collected Earlier Poems* (Norfolk, New Directions, 1951), 33.

[5] See Robert J. Cirasa, *The Lost Works of William Carlos Williams: The Volumes of Collected Poems as Lyrical Sequences* (Rutherford, Fairleigh Dickinson University Press, 1995), 123-6.

⁶ *B*, 103, *B*, 141.

⁷ The definition of 'Zivilcourage' as the capacity to say no to the collective, the refusal to acquiesce in extreme situations, is a recurrent motif in Timm's fiction. One example from *Die Entdeckung der Currywurst* will suffice: 'Russische Kriegsgefangene schaufelten im Alten Steinweg den Schutt von der Straße, verhungerte Gestalten, die Köpfe rasiert. Sie wurden von lettischen SS-Soldaten mit Gummiknüppeln zur Arbeit angetrieben. Da ging die Großmutter, den Stahlhelm wie einen Einkaufs-korb am Arm hängend, auf einen prügelnden lettischen SS-Mann zu und nahm dem Verdutzten den Knüppel aus der Hand. Viele waren Zeuge. Jetzt reichts, hatte sie gesagt. Sie war dann einfach weitergegangen, und niemand wagte sie anzufassen. Man muß Nein sagen können, sagte Frau Brücker' (*EC*, 123).

8

Memorialization and Personal Memory: Uwe Timm's *Der Freund und der Fremde*

RHYS W. WILLIAMS

'Unten liege ich. Der Verkehr steht. Die meisten Autofahrer sind ausgestiegen. Neugierige haben sich versammelt, einige stehen um mich herum, jemand hält meinen Kopf, sehr behutsam, eine Frau, sie kniet neben mir. [...] aber alles in Schwarzweiß. Seltsamerweise gibt es keine Farbe, seltsam auch das, der da unten spürt keinen Schmerz' (*R*, 9). These opening lines of Uwe Timm's *Rot* (2001) echo the iconic black and white photograph of the death of Benno Ohnesorg, a political pietà[1] of the Student Movement. The image itself helped to radicalize a student generation in the wake of the shooting on 2 June 1967 during a demonstration against the state visit of the Shah of Persia. It is the same photograph which Timm himself comes across in Paris in the days after the shooting and which he describes in *Der Freund und der Fremde*:

> Er liegt am Boden, sofort erkennbar sein Gesicht, die Haare, die Hände, die langen, dünnen Arme und Beine. [...] Neben ihm kniet eine junge Frau in einem schwarzen Kleid oder Umhang. [...] Sie blickt nach oben, so als wolle sie etwas fragen oder eine Anweisung geben, und hält, eine zärtliche Geste, seinen Kopf im Nacken. Deutlich ist das Blut am Kopf und am Boden zu sehen. Es hätte in diesem Schwarzweiß eine Einstellung aus dem Film *Der Tod des Orpheus* von Cocteau sein können. [...] Es war einer seiner Lieblingsfilme. (*FF*, 11–12)

As Timm himself describes in his interview in this volume, it is as if the earlier fictional treatment of the theme in *Rot* has unlocked the possibility of writing more directly, more autobiographically, about Benno Ohnesorg, much as it had enabled him to broach the sensitive subject of his elder brother's death in *Am Beispiel meines Bruders*.

Timm's urge to provide a fitting literary memorial to his dead friend was immediate and compelling, though bedevilled by the overwhelming sense of anger and frustration. His initial efforts, he recalls, were formulaic and declamatory, driven by a sense of injustice at the futility of the death and by the need to draw specific political conclusions: 'Politische Erklärungen schoben sich vor jeden Versuch, sich seiner zu erinnern' (*FF*, 12). His next plan was to explore the relationship of the three figures, Benno Ohnesorg himself, the police officer who shot him, Karl-Heinz Kurras, and the young woman, Friederike Hausmann, whom he later identifies as the person depicted in the photograph. Again, this unfulfilled project was to foreground the historical and political significance of the event, the circumstances which led three separate lives to come together at a single moment in time and thereby make history. Several more years elapse before Timm makes a further effort to broach the subject. He realizes that the project will succeed only if it manages to balance the political and historical with the intensely personal, only if the process of remembering is built into the writing: 'Ein Erzählen, das nur gelingen konnte, [. . .] wenn ich auch über mich erzählte. Wenn es mir gelingen würde, den Horizont der Erinnerung abzuschreiten, der sich dabei zugleich weiter verschieben würde, nicht aufhören würde, Horizont zu sein, räumlich und zeitlich, mit den Erinnerungen an Erlebtes und Gedachtes, an Gebärden und Symbole, an Imagination und Abstraktion' (*FF*, 13). Here Timm outlines his literary strategy and in so doing explains the title of his text: 'der Freund' is Benno Ohnesorg, captured in his typical gestures, characterized by his values and attitudes, shaped by his intellectual and literary interests. 'Der Fremde' is Timm himself, given more than equal status in the text, reflected once again through his shifting values, attitudes and tastes. If Timm focuses on his own personal development, his own struggles, it is because these help to determine the nature of his engagement with his friend. Shortly before her death in 1999, Christa Ohnesorg, Benno's wife, had written to Timm and mentioned that Benno had always resented the estrangement between himself and Timm after the closeness of their earlier relationship in Braunschweig. Reserved, even introverted as he was, he had never expressed this irritation directly to Timm. This insight offers a further motivation for Timm's text: it is not merely a literary monument to Benno Ohnsesorg; it also functions as self-justification, even self-exoneration, on Timm's part. Ohnesorg's untimely death left no opportunity for reconciliation and explanation and in a sense Timm's text must fulfil this function retrospectively.

Although the writer and his subject, 'der Freund' and 'der Fremde', operate as binary opposites throughout the text, and the focus regularly shifts between them, they share similar backgrounds and ambitions and, in so doing, come to epitomize the values and the intellectual tastes of the 1960s. Their education, in the unique atmosphere of the further education boarding school in Braunschweig, represents an encounter with an avantgarde culture typical of West Germany in the 1960s. Both had left school early and entered the world of work, Timm as an apprentice furrier in his late father's business in Hamburg, Ohnesorg as a window dresser. Both operated in the world of fashion, where commercial interests and aesthetics intersected. Both harboured the secret ambition to write. Timm devotes a number of sections of his text to their discussions about literature and art. Two instances are especially revealing. The two friends share an enthusiasm for Camus's *L'Etranger*, the German version of which, *Der Fremde*, supplies part of Timm's title. What attracts them is 'die Genauigkeit in der Beschreibung der Gefühle. Keine Heuchelei, keine Selbsttäuschung, keine Kompromisse, keine verschwiemelte Sinngebung, das gefiel uns' (*FF*, 64). The cool detachment with which Meursault sits next to his mother's coffin, and his equally cool response to Marie's question about whether he loves her, these responses seem to chime in with a generation in West Germany which has become profoundly cynical about the conventional values of their parents' generation. Timm acknowledges his own enthusiasm for a style of existentialist detachment, 'indifférence', which he affected in his personal behaviour at the time. Indeed, he attributes his lack of commitment in emotional relationships with girls, and, moreover, his later estrangement from Ohnesorg, to the uncompromising hard-headedness which he derived from his reading of Camus and which he developed into a personal programme: 'Die Verweigerung: das Unbeteiligtsein, die *indifférence*, der Rückzug auf das pure Wort. In einer *Selbstvorschrift* hatte ich für mich notiert: Nicht lügen. Keine falschen Gefühle. Alles aussprechen' (*FF*, 63). But *Der Fremde* relates to Timm's text in another way: Meursault's motives for shooting the Arab remain unclear: Camus offers no psychological explanation, no emotional involvement. At the time Ohnesorg had interpreted the event as a sudden physical reaction to the sun, the heat and the glinting knife of the Arab. 'Der Schuß ist so sinnlos wie der Tod, wie es die Welt ist. [. . .] Das Leben, zufällig und in seinem Sinn nicht deutbar, das ist alles' (FF, 66). The reader is constrained to transfer the interpretation of Meursault's shot to that fired at Ohnesorg by Karl-Heinz Kurras. Even as the text asserts that the climate of aggression and the authoritarian values of the police are to blame for the fatal shot fired at Ohnesorg, the socio-political, historical and psychological explanations are confronted by a counter-interpretation of the event as an 'acte gratuit', as absurd in an existentialist sense. Timm is, later in the text, to make the point explicitly: 'Das Empörende an seinem Tod ist das Zufällige. Das Absurde' (FF, 113).

The friends also share a passion for contemporary writing, particularly poetry. Ohnesorg had introduced Timm to French poetry since Baudelaire, in particular Apollinaire, though his literary tastes are described as eclectic, ranging from Latin American to Afro-Cuban lyric poetry. It was Ohnesorg who also introduced him to the journal *Akzente*, a periodical which exemplifies the literary scene in West Germany in the 1960s. Ohnesorg's annotated copy of one particular number of *Akzente*, the February number of 1961, serves as tangible documentary evidence of their literary debates. Timm devotes a whole section to this number, which contained a full account of the conference entitled 'Lyrik heute', held under the chairmanship of Walter Höllerer in West Berlin. The periodical reprinted the contributions on the subject of modern poetry by Günter Bruno Fuchs, Günter Grass, Rudolf Hartung, Helmut Heißenbüttel, Franz Mon and Peter Rühmkorf, reprinted the poems which were read at the symposium and supplied a verbatim account of the round-table discussion. Timm includes the section, not merely because it recaptures the literary atmosphere of the time, but because it highlights essential differences between himself and Ohnesorg: while Ohnesorg was attracted to poetry as a formal construct and was consequently drawn to Franz Mon and Heißenbüttel, Timm found himself siding with Grass and Rühmkorf, in particular the latter's conviction 'daß das Gedicht ein Thema und einen Stoff bekommt, der nicht durch die Struktur und das rein Sprachliche von sich aus da ist, sondern daß es ein Objekt, ein Außen hat' (FF, 69). The debate reinforces the impression that

Ohnesorg, far from being a political animal, was drawn to aesthetic escapism. All the more ironic, therefore, that his name should be associated so unambiguously with political activism. All the more ironic, too, that while Ohnesorg appears to have written nothing after his move to Berlin, Timm is the one who, after a phase of intense political activism, should have embarked on a literary career. Certainly, the shared literary interests of the friends emerge vividly through their collaboration on a journal of which only one number appeared: *teils-teils*, named, tellingly, after a poem by Gottfried Benn.[2] In that journal a single poem by Ohnesorg appears, published under the faux-Irish pseudonym of O'Neso, a poem which Timm cites in full. This remnant is the only poetic product which survives and Timm is astounded to learn that Ohnesorg published nothing after his move to Berlin and, moreover, appears to have written nothing. It is with a second quotation from this poem and the unanswered question about his friend's abandonment of poetry that Timm's text ends.

Der Freund und der Fremde functions as a memorial to Benno Ohnesorg, but it is also one of Timm's most revealing autobiographical pieces. While some of the experiences of Timm's early years in Hamburg, his apprenticeship in the fur trade especially, have been described before, in *Am Beispiel meines Bruders,* the text offers memories and reflections on Timm's early adult life, his intellectual and artistic development and his encounters with the opposite sex. It offers a frank and perceptive account of a sentimental education undertaken, it seems, without the least benefit of sentiment. The friendship with Benno Ohnesorg has only a small bearing on this private sub-plot, though it coincides temporally with it in part. Timm's early journey is one which takes him initially away from literature to philosophy and politics and it also takes him away from emotional detachment to the beginnings of emotional commitment. The former transition is marked by the two versions of Timm's doctoral dissertation: the first is an existentialist reading of Camus which foregrounds the rejection of conventional values, of social institutions and prejudices. Timm's increased politicization after his return from Paris to Munich prompts him to tear up the first version of his thesis and embark anew on a version which places the emphasis on social commitment and political engagement. Parallel to this political development runs a change in personal values: the 'indifférence' of his existentialist phase gives way to an openness to emotional commitment and brings with it a new relationship.

Timm's two previous autobiographical texts, *Vogel, friß die Feige nicht* and *Am Beispiel meines Bruders*, are also prompted by deaths, those of Heinar Kipphardt and Timm's elder brother, respectively. Both texts function as memorials. *Der Freund und der Fremde* performs an identical role for Benno Ohnesorg. Yet it is not only the memorializing function, but the formal structure of the three texts which bears striking similarities. *Der Freund und der Fremde* is made up of unnumbered sections, some a few lines long and others extending over a page or two. They comprise for the most part Timm's own recollections, sometimes triggered by photographs or other narratives, though these memories are seldom presented in isolation from reflections on the nature of memory. Some sections are the products of Timm's conversations with the friends and family of Benno Ohnesorg: accounts of Benno's childhood are derived from conversations with Benno's brother Willibald, the details of Benno's life in Berlin are supplied by Frank Grossmann, who shared a flat with the Ohnesorgs. Further details of the traumatic events surrounding the shooting are supplied by Friederike Hausmann, the kneeling woman in the photograph, and Brigitte Braun, a childhood friend of Christa Ohnesorg. The legacy for the family of Ohnesorg's death emerges from a letter from Benno's wife, Christa, and Timm's conversation with Ohnesorg's son Lukas. Timm even undertakes an abortive visit to Karl-Heinz Kurras, the perpetrator of the shooting, but cannot bring himself to make contact. Several sections introduce documentary evidence: the file of the state prosecutor which contains the autopsy report and witness accounts of the shooting, Benno Ohnesorg's files in the Braunschweig College, containing two of his letters to the headmaster, and a psychological profile of Ohnesorg by Frau Müller-Luckmann, who, in a bizarre coincidence, also profiled Kurras after the shooting. That the Braunschweig College files disappeared mysteriously after the shooting, only to reappear, equally mysteriously, some time later fuels the suggestion that the state apparatus was involved in possible attempts to present Ohnesorg as a radical. Other texts are literary in nature: the jointly edited journal *teils-teils*, an annotated copy of *Akzente*, quotations from, and reflections on, texts which Timm and Ohnesorg read together or which Timm adduces as relevant: Ovid's *Metamorphosis* in two different editions, Camus's *L'Etranger*, *Le Mythe de Sisyphe* and *L'Homme révolté*, the poetry of Mallarmé, Rimbaud, Apollinaire and Gottfried Benn, Ernst Bloch's *Spuren* and Beckett's *Molloy*, together with memories of performances of plays by Ionesco, Beckett and Martin Walser, as well as Ohnesorg's own published poem. Further memories mediated through texts, either read at the time or encountered by Timm at a later stage are included: Hans Blumenberg's *Mattäuspassion*, Marx's early writings, a quotation from Ulrich Enzensberger's *Die Jahre der Kommune I*, a section from Walter Benjamin's essay *Der Erzähler*, and reflections on the language of love by Roland Barthes. This latter group, apart from a quotation from an almanach of the year 1967, have relevance more for the Timm strands of the narrative than for the Ohnesorg theme. Some memories and reflections are triggered by photographs: in addition to the iconic photograph of the body of Ohnesorg, there are photographs of the two friends at the swimming pool and on a park bench in London, a photograph of Timm's girlfriend in Paris, and a photograph of Christa Ohnesorg as a young girl, an image which seems to capture her vitality and energy. There is also a single dream sequence, though it is not obviously signalled as such.

The orchestration of these sections of text, their artistic composition, is crucial to the overall tone of the text. The twin strategies, that of providing a fitting memorial to Ohnesorg, and the exploration of Timm's own emotional and intellectual development through his memories, are separate strands, but are skilfully interwoven. The twin processes of remembering and memorializing, the one with the focus on Timm, the other focusing on Ohnesorg, are balanced evenly in the text as a whole, though it begins and ends on a note of mourning and loss. Timm uses a number of narrative devices to achieve a sense of textual unity and coherence. One recurrent motif is the image of Ohnesorg with which the text opens: 'Dieser erste Blick. Unten der Fluß, der ruhig und grün dahinfließt, die Steinbrücke, auf deren Mauer er sitzt, ein Bein über das andere geschlagen. [. . .] So, versunken in sich, sah ich ihn sitzen, als ich den Weg durch den Park des Kollegs hinunter zur Oker ging' (*FF*, 7). After a series of sections devoted to their respective childhood experiences, Timm returns to this scene: 'ich ging hinaus, in diesen frühen durchsonnten Junimorgen, hinunter zum Fluß, an die Oker. Wo ich ihn sitzen sah, schreibend' (*FF*, 41).

The setting becomes emblematic for the friendship: 'Wir, der Freund und ich, gingen oft hinunter zu dem Fluß, an die Oker, gemeinsam oder einzeln' (*FF*, 62). It is the setting where Ohnesorg, exceptionally, reads Timm one of his unfinished poems: 'einmal, im Sommer des zweiten Jahres, als wir an der Oker saßen' (*FF*, 70). More than signalling their friendship, however, the setting is associated with Ohnesorg as a creative writer; it reinforces the sense of loss in that even before his death he has ceased to write and it is the puzzle of his creative silence which Timm cannot quite resolve. His memories of Ohnesorg are all linked with their literary and creative ambitions, their reading and debates about literature. This explains why the river setting, so vividly evoked in the early sections of the text, disappears in the second half of the work.

The overall structure of the text is a series of temporal, spatial and emotional shifts. The opening scenes are in Braunschweig, then after briefly noting the impact which Ohnesorg's death had upon him, Timm focuses on the separate lives of the two friends in the period before each embarked on their course of study. Then, after returning to their common experience in Braunschweig, he documents their separate lives after Braunschweig, and here the focus is much more on Timm's development than Ohnesorg's. The attention is shifted back to Ohnesorg and the focus moves to Berlin and the harrowing account of Ohnesorg's killing, and Timm's visit to Ohnesorg's son. There follows another series of affectionate memories devoted to their shared experiences in London and in Braunschweig once more, before Timm returns to document his own political and personal experiences after his return from Paris and concludes his text with a series of thoughts on the question of Ohnesorg's literary silence. The sections devoted to their shared time in Braunschweig are marked by warmth, affection, even humour, while those which deal with Ohnesorg's death have a cold documentary flavour, as if Timm is wary of allowing his anger to surface. The juxtaposition of affectionate memory and cool forensic detachment serves to heighten the sense of loss.

While the separate lives of the protagonists are intercut with episodes depicting their close friendship in Braunschweig, there remains the danger that the connection between the two lives (and the two strands of the narrative) will be lost. Timm counters this threat by ensuring that the two biographies share key elements: each leaves school early and embarks on the world of work, but each harbours the desire to write and each is convinced that academic qualifications are a necessary stage in fulfilling this ambition. But if the thematic similarities are stressed, there are also formal elements which help to fuse the narrative. For the most part the narrative uses the first person for both Timm's own memories and his reflections in the narrative present, while the third person is reserved for 'der Freund', Ohnesorg. On occasions, though, Timm lapses into the third person to describe himself as he once was, another person, whose values and attitudes are remote enough from the narrative present to deem him to be almost someone else: 'Einmal ist er – und ich sehe mich dabei wie von außen – im Oberseminar seines Doktorvaters nicht aufgestanden und hinausgegangen, als von den gewählten Studentenvertretern ein Vorlesungsboykott beschlossen worden war. [...] Er war nicht aufgestanden. Er war geblieben' (FF, 80). It is clear that the reader will initially be drawn into attributing the third-person pronoun to Ohnesorg, only to adjust swiftly when Timm supplies the corrective. This mannerism is repeated a few sections later: 'Das Ich, das ich war, glaubte seine Unabhängigkeit durch die Verweigerung von Dauer und fester Bindung in der Liebe zu finden, eine Haltung, die, wie erst später deutlich wurde, auch ihn, den Freund, betraf, durch meine bereitwillige und entschiedene Trennung von ihm, als wir das Kolleg verließen' (FF, 97). A few lines later Timm recalls his attempts to overcome this sense of 'indifférence', to express his feelings in a love letter: 'der junge Mann, der ich war, saß am Fenster des Wohnheims und schrieb [...] an einer Sprache der Liebe' (FF, 100). All three instances suggest that Timm adopts the device to distance himself from behaviour with which, in retrospect, he feels uncomfortable. But the switch into the third person also helps to forge a link between the two figures.

Timm's autobiographical texts have frequent recourse to dreams, which unlock suppressed desires or reveal hidden connections. One otherwise puzzling passage in *Der Freund und der Fremde* has a dream-like quality, though it is not explicitly described as a dream:

> Ich gehe durch eine Trümmerlandschaft, darin liegen einzelne größere Teile, erkennbar noch in ihrer Form, also auch in ihrer früheren Funktion, hier ein Treppenstück, dort ein Gesims, eine Wand steht noch mit einer Fensterhälfte, es könne eine Kirche gewesen sein, ein Schloß,

nein, doch eher eine Kirche von erstaunlichem Ausmaß, eine Kathedrale wahrscheinlich. Ich gehe mit dem Auftrag durch diese Trümmer, die Teile zuzuordnen, was mir nicht gelingen will. Eine Stimme, die seine ist, sagt, daß es keine Kirche sei, sondern ein Velodrom. (*FF*, 148)

The dream sequence appears to thematize Timm's 'Auftrag', his desire to make sense of a death which is senseless, a task, therefore, which is doomed to failure. It involves piecing together fragmentary information, building those fragments into a coherent unified whole, but the knowledge of what the finished object might embody is a matter for debate. Ohnesorg's voice insists that the finished work is not a cathedral, not a shrine to a martyr, perhaps, but a velodrome, a building associated with sporting endeavour, with endurance and with public acclaim. Timm offers no further insight, though it is possible to see the building as a metaphor for the completed work of art, a monument painstakingly reconstructed, but at the same time fragmentary, elusive and doomed to failure.

Timm's choice of an epigraph from T. S. Eliot's *Four Quartets* points up the theme of memory and missed opportunity which are central to the text. Eliot's poem opens with the lines: 'Time present and time past / Are both perhaps present in time future, / And time future contained in time past [...] / Footfalls echo in the memory / Down the passage which we did not take / Towards the door we never opened / Into the rose-garden.'[3] These lines, which encapsulate the literary structure of Timm's text, with its interweaving of past and present, also hint at the possibilities unfulfilled, the literary career which Benno Ohnesorg never had. But the lines which Timm actually chooses for his epigraph, with its reference to 'the breakage / Of what was believed in as the most reliable - / And therefore the fittest for renunciation' (*FF*, 5) seem to point away from Ohnesorg to Timm himself, and to his renunciation first of the doctrine of 'indifférence' and then to his increasing alienation from the doctrinaire left-wing groups spawned by the Student Movement. But the choice of Eliot is also related more specifically to the text itself. On their visit to London Ohnesorg buys a copy of Joyce's *Finnegans Wake*, while Timm chooses Eliot's *Four Quartets* (*FF*, 145), illustrating thereby the broader literary tastes of their generation, but also the differences between them:

Ohnesorg drawn to the hermetic, the abstruse, Timm to a literature anchored in more accessible human experience.

The references to Ovid's *Metamorphoses* serve to introduce the Orpheus myth, which relates to Timm's text in a number of ways. Ovid's text is, first of all, one which Timm and Ohnesorg read together. It reminds Timm of their closeness and shared literary experience. He recalls the passage in which Orpheus's playing attracts the trees to his bare hillside, eliciting from Ovid a whole taxonomy of trees. The transforming power of art to bring inanimate nature to life is thus linked not only to the early artistic inspiration of the two friends, but also to Timm's current task as a funeral orator (like Thomas Linde in *Rot*) to bring his dead friend to life. At the same time, he is drawn to another passage in Ovid's text in which Orpheus, leading Euridyce out of the underworld, makes the mistake of looking back and she disappears. The act of reminiscence on which Timm has embarked, his own act of looking back, simultaneously consigns Ohnesorg to the realm of the dead. There is an almost palpable sense of loss, of grief, in Timm's text, which coincides with his capacity to bring his friend to life. Finally, the Orpheus myth is linked to Timm's own intellectual enterprise, his doctoral dissertation on Camus. So moving is Orpheus's playing that the sufferings of Hades are momentarily suspended: 'du aber, o Sisyphos! sassest auf deinem Steine ganz ruhig' (*FF*, 127). The sufferings of Sisyphos, the absurdity of his activity, are suspended in this moment of aesthetic delight. While the Timm of the early 1970s comes to the politically inspired conclusion that the absurd may be overcome by social solidarity and embarks on a period of intense political commitment, there is an indication here that alternative artistic solutions are possible.

The duality of memorialization, its simultaneous capacity to bring the dead to life and epitomize their loss, is enhanced by yet another function of memory, namely the appeal to the reader's memory. The death of Ohnesorg is part of political memory in the Federal Republic. Many of Timm's readers will have their own memories of the events of early June 1967, memories jogged by Timm's narrative, but also overlaid with recollections entirely personal to each reader. While there is a public iconography of these events, there is a sub-stratum of private reminiscence. Major public events appear to make quite arbitrary personal memories peculiarly vivid and persistent. But while Timm can rely on the operation of this sort of memory, he takes pains to draw the reader into the process of memory in quite a different way. The last section of the text illustrates the technique:

> Erinnern führt ins Innere. Im französischen *rappeler* steckt noch etwas von dem, was der Orpheus-Mythos sagen will, dieses Zurückrufen des Vergangenen, des Toten. Das Wort, der *sinnliche Sinn*, bringt nahe: dein Gesicht in der dunklen Scheibe des Zugabteils. Das Schlagen der Räder. Das Kreischen der brütenden Möwen auch nachts, im Kreidefelsen von Dover. Dann die Stimme, nur diese Stimme, aus einem dunklen Fenster, die singt: *Die Gedanken sind frei*. Die Frau, die auf der Parkbank sitzt, im Dunkeln, eingeschneit. Das Knistern des springenden Kandis im heißen Tee. Die schwarze Mähne des Pferdemenschen. Die verschlossen Austern auf ihrem Bett aus Eis. (*FF*, 172)

The images offer us a mosaic of references to incidents which we recall or which we can associate with events which have been described earlier in the text. The train journey and the seagulls suggest the trip to England which the two friends undertake, though the song and its context remain obscure. The woman on the bench echoes the end of Timm's relationship with his French girlfriend: 'Wir sassen [. . .] auf der Parkbank, und das Erinnerungsbild wiederholt den Schmerz von damals: ihre Gefaßtheit, das einer Erstarrung glich' (*FF*, 108). 'Das Knistern des springenden Kandis im heißen Tee' reminds the reader of Ohnesorg in Braunschweig: 'Er kochte Tee, stellte weißen Kandis auf den Tisch, alles mit ruhigen Handgriffen' (*FF*, 67–8). The 'Pferdemenschen' episode recalls Timm's altercation with just such a person in Braunschweig and his subsequent embarrassment (see *FF*, 80–1), and the oysters conjure up Timm's culinary experience of Paris and Les Halles with 'die auf Seetang gebetten Austern' (*FF*, 74). The reader is thus drawn into the process of reminiscence, constrained to recall earlier incidents in the text in order to make sense of the allusions. The form of Timm's text thus becomes its theme.

Notes

[1] Timm himself notes the 'christliche Motive' (*FF*, 117) of the photograph.

² The poem, 'Teils-Teils', is to be found in Gottfried Benn, *Gesammelte Werke in vier Bänden*, Dieter Wellershoff (ed.) (Wiesbaden, Limes, 1959–61), III, 339–40. Timm offers a clue to its origin by quoting from the same poem in another unrelated section: 'Wir hörten auf der Schallplatte Günter Westphal Gedichte von Gottfried Benn sprechen, unterlegt mit Jazz von Dave Brubeck. Wir hörten die Gedichte so oft, bis wir sie auswendig im selben Tonfall rezitieren konnten, *teils-teils das Ganze, Sela, Psalmenende*' (*FF*, 149).

³ T. S. Eliot, *Collected Poems 1909–1962* (London, Faber and Faber, 1963), 189.

9

Bibliography

DAVID BASKER

CONTENTS

1. Primary Literature
1.a Prose works
1.b Anthologies of poems
1.c Edited volumes
1.d Prose extracts, poems and essays
1.e Films and radio plays
1.f Translations of Uwe Timm's works
1.g Interviews

Works are listed chronologically.

2. Secondary Literature
2.a General studies
2.b Individual texts

Books and articles are listed alphabetically, by author's name.

Bibliography

1. Primary Literature
1.a Prose works

1. *Das Problem der Absurdität bei Albert Camus* (Hamburg, Lüdke, 1971) [Geistes- und sozialwissenschaftliche Dissertation, 20].
2. *Heißer Sommer* (Munich, Gütersloh, Vienna, AutorenEdition bei C. Bertelsmann, 1974) [Lizenzausgabe: Berlin, Weimar, Aufbau, 1975; paperback editions: Reinbek, Rowohlt, 1977 [rororo 4094]; Cologne, Kiepenheuer & Witsch, 1985 [KiWi 70]; Munich, Deutscher Taschenbuch, 1998 [dtv Belletristik 12547]].
3. *Morenga* (Munich, AutorenEdition, 1978) [Lizenzausgabe: Berlin, Weimar, Aufbau, 1979; paperback editions: Reinbek, Rowohlt, 1981 [rororo 4705]; Cologne, Kiepenheuer & Witsch, 1982 [KiWi 82]; Munich, Deutscher Taschenbuch, 2000 [dtv Belletristik 12725]].
4. *Kerbels Flucht* (Munich, AutorenEdition, 1980) [Paperback editions: Munich, Deutscher Taschenbuch, 1983 [dtv 10143]; Cologne, Kiepenheuer & Witsch, 1991 [KiWi 232]; Munich, Deutscher Taschenbuch, 2000 [dtv Belletristik 12765]].
5. *Die Zugmaus. Eine Geschichte*, illustrated by Tatjana Hauptmann (Zurich, Diogenes, 1981) [Paperback editions: Zurich, Diogenes, 1983 [kinder detebe 25073]; Munich, Deutscher Taschenbuch, 2003 [dtv Junior 70807]].
6. *Die Piratenamsel*, illustrated by Gunnar Matysiak (Zurich, Cologne, Benziger, 1983) [Revised edition: Zurich, Frauenfeld, Nagel & Kimche, 1991; paperback edition: Munich, Deutscher Taschenbuch, 1986 [dtv 70088]; reprinted 1994 [dtv 70347]].
7. *Der Mann auf dem Hochrad. Legende* (Cologne, Kiepenheuer & Witsch, 1984) [Lizenzausgabe: Berlin, Weimar, Aufbau, 1985; paperback editions: Cologne, Kiepenheuer & Witsch, 1986 [KiWi 97]; Munich, Deutscher Taschenbuch, 2002 [dtv Belletristik 12965]].
8. *Der Schlangenbaum* (Cologne, Kiepenheuer & Witsch, 1986) [Lizenzausgabe: Berlin, Weimar, Aufbau, 1985; paperback editions: Cologne, Kiepenheuer & Witsch, 1989 [KiWi 198]; Munich, Deutscher Taschenbuch, 1999 [dtv Belletristik 12643]].
9. *Rennschwein Rudi Rüssel*, illustrated by Gunnar Matysiak (Zurich, Frauenfeld, Nagel & Kimche, 1989) [Paperback edition: Munich, Deutscher Taschenbuch, 1993 [dtv 70285]].
10. *Vogel, friß die Feige nicht. Römische Aufzeichnungen* (Cologne, Kiepenheuer & Witsch, 1989) [Paperback edition: Cologne, Kiepenheuer & Witsch, 1996 [KiWi 421]].
11. *Kopfjäger. Bericht aus dem Inneren des Landes* (Cologne, Kiepenheuer & Witsch, 1991) [Paperback editions: Cologne, Kiepenheuer & Witsch, 1993 [KiWi 320]; Munich, Deutscher Taschenbuch, 2001 [dtv Belletristik 12937]].
12. *Erzählen und kein Ende. Versuche zu einer Ästhetik des Alltags* (Cologne, Kiepenheuer & Witsch, 1993).

13. *Die Entdeckung der Currywurst* (Cologne, Kiepenheuer & Witsch, 1993) [Paperback edition: Kiepenheuer & Witsch, 1995 [KiWi 380]].
14. *Der Schatz auf Pagensand* (Zurich, Frauenfeld, Nagel & Kimche, 1995) [Paperback editions: Munich, Deutscher Taschenbuch, 2000 [dtv Junior 70593]; Munich, Süddeutsche Zeitung, 2006 [Junge Bibliothek 50]].
15. *Johannisnacht* (Cologne, Kiepenheuer & Witsch, 1996) [Paperback edition: Munich, Deutscher Taschenbuch, 1998 [dtv Belletristik 12592]].
16. *Nicht morgen, nicht gestern* (Cologne, Kiepenheuer & Witsch, 1999) [Paperback edition: Munich, Deutscher Taschenbuch, 2001 [dtv Belletristik 12891]].
17. *Rot* (Cologne, Kiepenheuer & Witsch, 2001) [Paperback edition: Munich, Deutscher Taschenbuch, 2003 [dtv Belletristik 13125]].
18. *Am Beispiel meines Bruders* (Cologne, Kiepneheuer & Witsch, 2003) [Paperback editions: Munich, Deutscher Taschenbuch, 2005 [dtv Belletristik 13316]; Text & Kommentar, Bamberg, C. C. Buchner, 2006 [Buchners Schulbibliothek der Moderne 26]].
19. *Der Freund und der Fremde* (Cologne, Kiepenheuer & Witsch, 2005) [Paperback edition: Munich, Deutscher Taschenbuch, 2007 [dtv Belletristik]].

1.b Anthologies of poems
1. *Widersprüche* (Hamburg, Neue Presse, 1971).
2. *Wolfenbütteler Straße 53* (Munich, Damnitz, 1977).

1.c Edited volumes
1. *Lesebuch 4. Freizeit. Texte zu einem schönen Wort und unserer Wirklichkeit*, with Uwe Friesel (Munich, Gütersloh, Vienna, Bertelsman, 1973).
2. *Auf Anhieb Mord. Kurzkrimis*, with Klaus Konjetzky, Dagmar Ploetz, Roman Ritter, Peter Stössel (Munich, Gütersloh, Vienna, AutorenEdition bei C. Bertelsmann, 1975).
3. *Kontext 1. Literatur und Wirklichkeit*, with Gerd Fuchs (Munich, AutorenEdition bei C. Bertelsmann, 1976).
4. *Deutsche Kolonien* (Munich, AutorenEdition, 1981) [Reprinted: Cologne, Kiepenheuer & Witsch, 1986].

1.d Prose extracts, poems and essays
1. 'Linguistik' [poem], *Frankfurter Allgemeine Zeitung*, 25 November 1967.
2. 'Wie treiben Filmkritiker Sozialkritik ab. Zu *Rosemaries* [sic] *Baby* von Roman Polanski, Besprechung in Heft 12/68 von Joachim von Mengershausen', *Film*, No. 2 (1969), 7–8.
3. 'Der Underground im Elfenbeinturm. Vom 2. Hamburger Filmfestival der Underground-Filmer', *Deutsche Volkszeitung*, 28 March 1969.
4. 'Rainer Maria Rilkes *Lieblingspark*. Eine Erzählung', *Frankfurter Allgemeine Zeitung*, 19 April 1969.

5. 'Gedichte' ['Jagdzeiten'; 'Verständnis für die Jugend'; 'Politische Argumentation'], *kürbiskern. Literatur und Kritik*, No. 2 (1969), 255–7.
6. 'Griechische Aspekte' [poem], *kürbiskern. Literatur und Kritik*, No. 3 (1969), 552.
7. 'Günter Grass oder Kräht der Hahn auf dem Mist, ändert sich das Wetter oder es bleibt, wie es ist', *Deutsche Volkszeitung*, 29 August 1969.
8. 'Alfred zum Beispiel' [story], in Joachim Fuhrmann and Klaus Kuhnke (eds.), *thema: arbeit. lyrik & prosa* (Hamburg, Neue Presse, 1969), 25–7.
9. 'Verständnis für die Jugend' [poem], in Joachim Fuhrmann (ed.), *agitprop. Lyrik, Thesen, Berichte. Kollektivausgabe* (Hamburg, Quer-Verlag, 1969), 16–17.
10. 'Widersprüche' [poem], ibid., 19–20.
11. 'Jagdzeiten' [poem], ibid., 35.
12. 'Schutzhaft/Vorbeugehaft' [poem], ibid., 82–3.
13. 'Politische Argumentation' [poem], ibid., 143.
14. 'Relationen' [poem], ibid., 145–6.
15. 'Griechische Aspekte' [poem], ibid., 150.
16. 'Vorteile, die sich aus dem täglichen Hungertod von ca. 7000 Menschen in Biafra ergeben' [poem], ibid., 162–3.
17. 'Die Bedeutung der Agitprop-Lyrik im Kampf gegen den Kapitalismus oder Kleinvieh macht auch Mist', ibid., 209–11.
18. 'Kolle und die Folgen. Zum Beispiel Ehebruch, ein Film von Oswald Kolle', *Deutsche Volkszeitung*, 14 November 1969. [Reprinted in: *Film*, No. 12 (1969), 6–7.]
19. '"Ästhetische Linke" steht kopf. Der Film Z und seine Kritiker', *Deutsche Volkszeitung*, 20 February 1970.
20. 'Zeig mal dein Visum. Möglichkeiten der politischen Lyrik' [on F. C. Delius, *Wenn wir bei Rot*], *Deutsche Volkszeitung*, 27 March 1970.
21. 'Dokumentation eines Linksliberalen. *Die Ausgelieferten* von Per Olov Enquist', *Deutsche Volkszeitung*, 19 June 1970.
22. 'Agitprop-Stück gegen das technokratische Hochschulmodell' [with Roman Ritter], in Agnes Hüfner (ed.), *Straßentheater* (Frankfurt am Main, Suhrkamp, 1970), 88–106.
23. 'Peter Handke oder sicher in die 70er Jahre', *kürbiskern. Literatur und Kritik*, No. 4 (1970), 611–21.
24. 'Griechische Aspekte' [poem], in Hilde Domin (ed.), *Nachkrieg und Unfrieden. Gedichte als Index 1945–70* (Neuwied, Berlin, Luchterhand, 1970), 120.
25. 'Der entflohene Sklave. *Der Cimarrón* von Miguel Barnet', *Deutsche Volkszeitung*, 7 January 1971.
26. 'Sport in der Klassengesellschaft', *kürbiskern. Literatur und Kritik*, No. 4 (1971), 608–17.
27. 'Der Sport und seine tatsächliche Funktion', *Deutsche Volkszeitung*, 9 September 1971.

28. 'Emanzipation eines Verspäteten. *Emanzipation der Kunst* von Michael Scharang', *Deutsche Volkszeitung*, 14 October 1971.
29. 'Zwischen Unterhaltung und Aufklärung', *kürbiskern. Literatur und Kritik*, No. 1 (1972), 79–90.
30. 'Reflexion des Bewußtseins. Romane schreiben im Werkkreis Literatur der Arbeitswelt', *Deutsche Volkszeitung*, 18 May 1972.
31. 'Ein Denkmal stürzt' [extract from *Heißer Sommer*], *Deutsche Volkszeitung*, 8 June 1972.
32. 'Vilshofener Stichworte' [poem], *Literarische Hefte*, 11 No. 41 (1972), 42.
33. 'Die Rotts und die Rothschilds. Von einem, der glaubte, ohne zu arbeiten gut leben zu können' [review of Hermann Peter Piwitt, *Rothschilds*], *Deutsche Volkszeitung*, 30 November 1972.
34. 'Mitten im kalten Winter' [poem], in Uwe Wandrey (ed.), *Stille Nacht allerseits! Ein gartiges Allerlei* (Reinbek, Rowohlt, 1972), 52.
35. 'Frauenlob' [poem], in Joachim Fuhrmann (ed.), *Linke Liebeslyrik* (Hamburg, Neue Presse, 1972), 29.
36. 'Liebesgedicht' [poem], ibid., 29.
37. 'Lob der Idylle' [poem], in Uwe Friesel and Uwe Timm (eds.), *Lesebuch 4. Freizeit. Texte zu einem schönen Wort unserer Wirklichkeit* (Munich, Gütersloh, Vienna, Bertelsmann, 1973), 58–9.
38. 'Die Durchsuchung' [extract from *Heißer Sommer*], *kürbiskern. Literatur, Kritik, Klassenkampf*, No. 4 (1973), 672–82.
39. 'Herbstgedicht' [poem], *Literarische Hefte*, 11 No. 43 (1973), 44.
40. 'Aussichten' [poem], ibid., 45.
41. 'Der Glasbläser' [poem], *Literarische Hefte*, 12 No. 44 (1973), 31.
42. 'Edle Einfalt, stille Größe. Das Literaturmagazin, eine "Autorenzeitschrift" bei Rowohlt', *Deutsche Volkszeitung*, 17 January 1974.
43. 'Catch' [extract from *Heißer Sommer*], *Literarische Hefte*, 12 No. 46 (1974), 47–51.
44. 'Heißer Sommer' [extract from *Heißer Sommer*], *Deutsche Volkszeitung*, 22 August 1974.
45. 'Schriftsteller und Politik. Eine Umfrage der Deutschen Volkszeitung', *Deutsche Volkszeitung*, 14 November 1974.
46. 'Realismus und Utopie', *kürbiskern. Literatur, Kritik, Klassenkampf*, No. 1 (1975), 91–101.
47. 'Von den vielen kleinen Schritten' [poem], *Literarische Hefte*, 13 No. 49 (1975), 31–2.
48. 'Die Barrikade' [story], *Deutsche Volkszeitung*, 26 June 1975.
49. 'Ringtail' [poem], *kürbiskern. Literatur, Kritik, Klassenkampf*, No. 4 (1975), 38–41.
50. 'Sensibilität für wen?', *kürbiskern. Literatur, Kritik, Klassenkampf*, No. 1 (1976), 118–22.
51. 'Realismus und Utopie', in Peter Laemmle (ed.), *Realismus – welcher? Sechzehn Autoren auf der Suche nach einem literarischen Begriff* (Munich, edition text + kritik, 1976), 139–50.

52. 'Von den Schwierigkeiten eines Anti-Realisten', ibid., 164–77.
53. 'Über den Dogmatismus in der Literatur', in Uwe Timm and Gerd Fuchs (eds.), *Kontext 1. Literatur und Wirklichkeit* (Munich, AutorenEdition bei C. Bertelsmann, 1976), 22–31.
54. 'Massa' [story], in *Warum wird so einer Kommunist? Erzählungen, Gedichte, Reportagen, Protokolle* (Munich, Damnitz, 1976), 166–76. [Reprinted in *Neue deutsche Literatur*, 24 No. 8 (1976), 27–36; extract reprinted in *Deutsche Volkszeitung*, 21 October 1976.]
55. 'Handkes entfremdete Schwester', *Stuttgarter Zeitung*, 20 August 1976.
56. 'Dalli, Dalli, Literatur! Der alte, neue Realismus (2)', *Stuttgarter Zeitung*, 21 August 1976.
57. 'Wo die Weißen schwarz sehen' [travel report from Namibia], *Konkret*, No. 9 (1976), 36–8.
58. 'Deutsche in Afrika' [extract from *Morenga*], *Wespennest*, No. 29 (1977).
59. 'Hosianna. Aus dem Roman *Morenga*', *kürbiskern. Literatur, Kritik, Klassenkampf*, No. 1 (1978), 24–40.
60. 'Wenstrups Verschwinden' [extract from *Morenga*], *Deutsche Volkszeitung*, 16 December 1978.
61. 'Meine Hottentotten oder Die verschwiegene Gewalt. Eine ärgerliche Anthologie südafrikanischer Prosa' [review of Peter Sulzer (ed.), *Südafrika*], *Deutsche Volkszeitung*, 18 May 1978.
62. 'Ich über mich: Uwe Timm' [on *Morenga*], *Buchreport*, 22, 2 June 1978.
63. 'Die Zeit der kleinen und der großen Kämpfe. Jurek Beckers neues Buch Schlaflose Tage', *Deutsche Volkszeitung*, 24 August 1978.
64. 'Der Tulpenbläser' [poem], *Neue deutsche Literatur*, 27 No. 6 (1979), 107–8.
65. 'Stenographische Mitschrift', in Heinar Kipphardt (ed.), *Aus Liebe zu Deutschland. Satiren zu Franz Josef Strauß* (Munich, AutorenEdition, 1980), 141–5. [Reprinted in *Die Tat*, 21 March 1980.]
66. 'Massa' [story], *Sonntag*, 21 March 1982.
67. 'Der Mann auf dem Hochrad' [extract from *Der Mann auf dem Hochrad*], *Deutsche Volkszeitung*, 28 September 1984.
68. 'Die Figuren behalten ihr Geheimnis' [review of Per Olov Enquist, *Auszug der Musikanten* and *Der Sekundant*], *Literatur Konkret*, No. 9 (1984–85), 92–3.
69. 'Wo die Weißen schwarz sehen. Eindrücke einer Recherchenreise nach Namibia im Jahre 1976', in *ARD Fernsehspiel. Jan Feb März 1985*, ed. im Auftrag der ARD von der Pressestelle des WDR (Cologne, 1985), 120–33.
70. 'Ein ganzes und ein halbes Huhn. Uwe Timm über Breyten Breytenbach: *Wahre Bekenntnis eines Albino-Terroristen*', *Der Spiegel*, 21 January 1985, 148–51.
71. 'Mitten im kalten Winter' [poem], *Westdeutsche Allgemeine Zeitung*, 30 November 1985.

72. 'Der Abflug' [from material for *Der Schlangenbaum*], in Brigitte Chowanetz (ed.), *Herzogenauracher Anthologie 3* (Herzogenaurach, 1985), 11–30.
73. 'Der Schlangenbaum' [extract from *Der Schlangenbaum*], *Deutsche Volkszeitung*, 17 October 1986.
74. 'Der Lauschangriff. Hörspiel', *Düsseldorfer Debatte*, No. 1 (1986), 63–75.
75. 'Das Hochrad' [extract from *Der Mann auf dem Hochrad*], *Deutsche Volkszeitung*, 16 December 1986.
76. 'Krieg am Ende der Welt. Uwe Timm über Antonio Lobo Antunes: *Der Judaskuß*', *Der Spiegel*, 27 April 1987, 243–7.
77. 'Der Mann auf dem Hochrad' [extract from *Der Mann auf dem Hochrad*], *Deutsche Volkszeitung*, 13 November 1987.
78. 'Reise nach Paraguay', in Armin Kerker (ed.), *Im Schatten der Paläste* (Frankfurt am Main, Athenäum, 1987), 105–18.
79. 'Mitten im kalten Winter' [poem], in *Westdeutsche Allgemeine Zeitung*, 19 December 1987.
80. 'Versuch über Seamus Heaney', *Volkszeitung*, 24 March 1989.
81. 'Der Blick über die Schulter oder Notizen zu einer Ästhetik des Alltags', in *Es muß sein. Autoren schreiben über das Schreiben* (Cologne, Kiepenheuer & Witsch, 1989), 186–208.
82. 'Von der Schönheit subventionierter Schnittblumen', *Volkszeitung*, 9 March 1990.
83. 'Versuch über eine Ästhetik des Spaghetti-Essens' [extract from *Vogel, friß die Feige nicht*], in Julia Bachstein (ed.), *Von Nudeln & Menschen* (Frankfurt am Main, Frankfurter Verlagsanstalt, 1991), 29–32.
84. 'Die Umbettung: ein halbherziges Spektakel. 17. August 1991', *Freitag*, 23 August 1991. [Reprinted in Inge Hoeftmann and Waltraud Noack (eds.), *Potsdam in alten und neuen Reisebeschreibungen* (Düsseldorf, Droste, 1992), 302–7.]
85. 'Mit einem Fluch in den Mund. Versuch über eine Ästhetik des Spaghetti-Essens' [extract from *Vogel, friß die Feige nicht*], *Der Tagesspiegel*, 23 August 1992.
86. 'Die Zeit vergeht anders, wenn jemand stirbt' [on Ludwig Fels receiving the Kranichsteiner Literaturpreis], *Freitag*, 30 October 1992.
87. 'Die Entdeckung der Currywurst' [extract from *Die Entdeckung der Currywurst*], in Hartmut Steinecke (ed.), *Literarisches aus erster Hand. 10 Jahre Paderborner Gast-Dozentur für Schriftsteller. Mit Texten von Max von der Grün, Erich Loest, Peter Rühmkorf, Peter Schneider, Eva Demski, Dieter Wellershoff, Herta Müller, Günter Kunert, Uwe Timm* (Paderborn, Igel, 1994), 225–39.
88. 'Im Laufe der Zeit oder Der schöne Überfluß' [extract from *Erzählen und kein Ende*], in Uwe Wittstock (ed.), *Roman oder Leben. Postmoderne in der deutschen Literatur* (Leipzig, Reclam, 1994), 245–64.
89. 'Der politische Ästhet. Alfred Andersch lesen', *Neue deutsche Literatur*, 42 No. 4 (1994), 168–75.

90. 'Die Abschiedsparade', *Freitag*, 24 July 1994.
91. 'Ballermanns Idylle', *Die Zeit*, 31, 2002.

1.e Films and radio plays
1. *Viele Wege führen nach Rom* [TV film], written and directed by Uwe Timm, first broadcast West 3, 19 March 1984.
2. *Der Lauschangriff* [radio play], Westdeutscher Rundfunk, 22 May 1984.
3. *Kerbels Flucht* [TV film], written by Uwe Timm, directed by Erwin Keusch, first broadcast ZDF, 29 May 1984.
4. *Die Zugmaus*. Zeichentrickfilm nach dem Kinderbuch von Uwe Timm, Gunnar Matysiak, first broadcast ARD, 23 September 1984.
5. *Morenga* [TV film], written by Uwe Timm and Egon Günther, directed by Egon Günther, first broadcast in three parts, ARD (WDR), 13, 17 and 20 March 1985. [Cinema version: West German entry to 35th Berlin Film Festival, screened 16 February 1985.]
6. *Der Flieger* [film], written by Uwe Timm, directed by Erwin Kausch, first screened 25 October 1986.
7. *Rennschwein Rudi Rüssel* [film], written by Uwe Timm and Ulrich Limmer, first screened March 1995.
8. *Die Bubi Scholz Story* [television film], script by Uwe Timm (Berlin, Aufbau, 1998).
9. *Eine Handvoll Gras* [film], script by Uwe Timm (Cologne, Kipenheuer & Witsch, 2000).

1.f Translations of Uwe Timm's works
Heißer Sommer
1. *Hete Zomer* [Dutch], translated by Gerrit Bussink (Amsterdam, van Gennep, 1975).
2. *Zarkoe Leto* [Russian], translated by V. Kupriyanov (Moscow, Molodaya Gvardiya, 1978).
3. *Horké léto* [Czech], translated by Zusana Krej ová (Prague, Svoboda, 1978).
4. *Spekotne Lito* [Ukrainian], translated by Yuri Mychaylyuk (Kiev, Vydavnyctvo CK LKSMU Molod, 1979).

Morenga
5. *Morenga* [Czech], translated by Rú ena Grebení ková (Prague, Svoboda, 1981).
6. *Morenga. A Novel* [English], translated by Breon Mitchell (New York, New Directions, 2003).

Kerbels Flucht
7. *Olyan Sötét Volt Minden* [Hungarian], translated by Gergely Erzsébet (Budapest, Magvetö Kiadó, 1982).

Die Zugmaus
8. *El Ratón de Tren* [Spanish], translated by Mon Elsa Alfonso (Madrid, Ediciones Alfaguara, 1985).

Die Piratenamsel
9. *O melro Pirata* [Galician] (Vigo, Editorial Galaxia, 1992).

Der Mann auf dem Hochrad
10. *L'Homme au Vélocipède* [French], translated by Bernard Kreiss (Paris, Balland, 1986).
11. *A Velocipédes Ember* [Hungarian], translated by Gergely Erzsébert (Budapest, Magvetö Kiadó, 1988).
12. *L'Homme au Vélocipède* [French], (Paris, Editions du Seuil, 1995).

Der Schlangenbaum
13. *De Slangenboom* [Dutch], translated by Gerrit Bussink (Amsterdam, Amber, 1987).
14. *A Árvore da Serpente* [Portuguese], translated by Brigitte Baum (São Paolo, Marco Zero, 1988).
15. *The Snake Tree* [English], translated by Peter Tegel (London, Picador, 1988).
16. *The Snake Tree* [English], translated by Peter Tegel (New York, New Directions, 1990).
17. *Zemeinoe Derevo* [Russian], translated by V. Sedel'nika (Moscow, Raduga, 1990).
18. *Ormträdet* [Swedish], translated by Eva Liljegren (Stockholm, Natur och Kultur, 1992).

Rennschwein Rudi Rüssel
19. *O Cocho de Carreiras. Rudi Fuciños* [Galician], translated by Amelia Rodríguez San Martín (Vigo, Editorial Galaxia, 1990).
20. *Rudi Mutturko Txerri Lastercaria* [Basque], translated by Xabier Mendiguren Berenciarth (San Sebastian, Elkar, 1991).
21. *Historien om Thorkild Tryne* [Danish], translated by Franz Berliner (Copenhagen, Gyldendal, 1991).
22. *Kalle Knorr på Kapplöpningsbanan* [Swedish], translated by Birgit Lönn (Stockholm, Bergh, 1991).
23. [Japanese translation] (Kyoko Hirano, 1991).
24. *Pikasika Köpi Kärsäkäs* [Finnish], translated by Marja Kyrö (Helsinki, Juva, Söderström, 1992).
25. *Rudi la Truffe, Cochon de Course* [French], translated by Bernard Friot (Toulouse, Milan, 1993).
26. *Rudi Renvarken* [Dutch], translated by Roger Vanbrabant (Auerbode, Apeldoorn, Altiora, 1993).

Kopfjäger
27. *Headhunter* [English], translated by Peter Tegel (New York, New Directions, 1994).

Die Entdeckung der Currywurst
28. *The Invention of Curried Sausage* [English], translated by Leila Vennewitz (New York, New Directions, 1995).

Johannisnacht
29. *Midsummer Night* [English], translated by Peter Tegel (New York, New Directions, 2003).

Am Beispiel meines Bruders
30. *In My Brother's Shadow* [English] (London, Bloomsbury, 2005) [Paperback edition: London, Bloomsbury, 2006].
31. *In My Brother's Shadow: A Life and Death in the SS* [English], translated by Anthea Bell (New York, Farrar, Straus & Giroux, 2005) [Paperback edition: London, Bloomsbury, 2006].

1.g Interviews

1. Zacharias, Carna, 'Er will kein Pascha sein. Uwe Timm schrieb seinen ersten Roman *Heißer Sommer*', *Abendzeitung*, 3 July 1974.
2. Anonymous, 'Interview mit einem Debütanten: Uwe Timm', *Sonntag*, 3 November 1974.
3. Reinhold, Ursula, 'Interview mit Uwe Timm', *Weimarer Beiträge*, 22 (1976), 49–59. [Reprinted in Ursula Reinhold, *Tendenzen und Autoren. Zur Literatur der siebziger Jahre in der BRD* (East Berlin, Dietz, 1982), 434–45.]
4. Zacharias, Carna, 'Uns kann keiner hineinreden. Die AutorenEdition macht sich jetzt selbständig', *Abendzeitung*, 31 March 1978.
5. Colberg, Klaus, 'Interview mit Uwe Timm', Süddeutscher Rundfunk, 2. Programm, 23 August 1978.
6. Krall, Günter, 'Man muß einen langen Atem haben', *Die Rheinpfalz*, 22 November 1980.
7. General, Regina, 'Wirklichkeitsausschnitte. Gespräch mit dem Schriftsteller Uwe Timm, BRD', *Sonntag*, 21 March 1982.
8. Zacharias, Carna, 'Onkel Franz auf dem Hochrad. Uwe Timm kam aus Rom mit einem neuen Blick zurück', *Abendzeitung*, 27 August 1984.
9. Brücker, Wolf-Dietrich, '*Morenga* – eine deutsche Biographie. Ein Gespräch mit Uwe Timm', in *ARD Fernsehspiel. Jan Feb März 1985*, ed. im Auftrag der ARD von der Pressestelle des WDR (Cologne, 1985), 126–7.

10. Stuber, Manfred, '"Ich möchte nicht ewig auf der gleichen Flöte blasen". Ein Gespräch mit dem Schriftsteller Uwe Timm, Mitbegründer der legendären "AutorenEdition" und erzählerischer Realist', *Mittelbayerische Zeitung*, 6 August 1986.
11. Zacharias, Carna, 'Die Gefahr hinter unserem Fortschritt. AZ-Gespräch mit Uwe Timm zu seinem Buch *Der Schlangenbaum*', *Abendzeitung*, 7 September 1986.
12. Anonymous, 'Wir sprachen mit: Uwe Timm. Themen suchen ihn', *Süd-West-Presse*, 21 November 1986.
13. Greiwe, Uwe, 'Die Bücher brauchen Busse. Sympathie für Nicaragua: Autor Uwe Timm besuchte das Land', *Abendzeitung*, 5–6 August 1989.
14. Urbach, Karin, '"Es kann gar nicht genug Preise geben". Für sein literarisches Werk prämiert: Gespräch mit dem Münchner Schriftsteller Uwe Timm', *Münchner Merkur*, 17 May 1990.
15. Schmitt, W. Christian, 'So kam Uwe Timm zu seinem *Rennschwein Rudi Rüssel*. Deutscher Kinderbuchpreis – Gespräch mit dem Autor', *Saarbrücker Zeitung*, 8 November 1990.
16. Scharioth, Barbara, '"Ich schreibe mit der Stimme im Kopf"' [on *Rennschwein Rudi Rüssel*], *Börsenblatt*, No. 71 (1990), 2724-6.
17. Ten Doornkaat, Hans, '"Anschaulich und unterhaltsam". Uwe Timm für Kinder wie für Erwachsene', *Eselsohr*, 11 (1990), 27–9.
18. Colberg, Klaus, 'Interview mit Uwe Timm', Süddeutscher Rundfunk, 2. Programm, 22 August 1991.
19. Stuber, Manfred, '"Es würde mich schrecklich langweilen, Peter Handkes Bücher zu schreiben". Ein *MZ*-Interview mit dem Schriftsteller Uwe Timm anläßlich einer Lesung', *Mittelbayerische Zeitung*, 12–13 October 1991.
20. Feldmann, Joachim and Heinemann, Georg, '"Ich weiß, wenn ich an einem Roman schreibe, nie den Schluß". Ein Gespräch mit Uwe Timm', *Am Erker. Zeitschrift für Literatur*, No. 24, April 1992.
21. Durzak, Manfred, 'Die Position des Autors. Ein Werkstattgespräch mit Uwe Timm', in Keith Bullivant, M. Durzak and Hartmut Steinecke (eds.), *Die Archäologie der Wünsche. Studien zum Werk von Uwe Timm* (Cologne, Kiepenheuer & Witsch, 1995), 311–54.
22. Stehr, Ingo, '"A trip of discovery into my own consciousness." A conversation with Uwe Timm', translated by Ingo and Louise Stoehr, *Dimension 2*, 2 (1995), 4.
23. Adler, Sabine, 'Wie eine Cocktail-Party', *Tageszeitung* (Munich), 5-6 October 1996.
24. Weber, Antje, 'Warum die "Blaue Maus" so köstlich schmeckt. Der Schriftsteller Uwe Timm über Kartoffeln, Berlin und Ästhetik - und damit über seinen neuen Roman *Johannisnacht*', *Süddeutsche Zeitung*, 11 November 1996.
25. Lenz, Daniel and Pütz, Eric, 'Mein Ziel ist nach wie vor die Wahrheitsfindung', in D. Lenz and P. Pütz, *Lebensbeschreibungen*,

Zwanzig Gespräche mit Schriftstellern (Munich, text + kritik, 2000), 90–101.
26. Wilczek, Reinhard, 'Ich habe mich als Junge durch die Literatur gezappt', *Literatur im Unterricht*, 2 No. 2 (2001), 127–35.
27. Michel, Gabriele, '"Für mich sind die 60er eine wichtige Zeit". BZ-Interview mit dem Schriftsteller Uwe Timm über seinem jüngsten Roman *Rot*, das Erzählen und die Vergangenheit', *Badische Zeitung*, 4 December 2001.
28. Bartels, Gerrit, '"Ich wollte das in aller Härte". Ein Interview mit dem Schriftsteller Uwe Timm über sein Buch *Am Beispil meines Bruders* und die Aufarbeitung deutscher Vergangenheit am Beispiel seiner eigenen und überaus normalen Familie', *taz*, 13 September 2003.
29. Hamann, Christof, '"Einfühlungsästhetik wäre ein kolonialer Akt". Ein Gespräch', *Sprache im technischen Zeitalter*, No. 168 (2003), 450–62.
30. Corsten, Volker, 'Es hätte Anlässe gegeben', *Welt am Sonntag*, 20 August 2006.

2. Secondary Literature

2.a General studies

1. Ackermann, Irmgard and Borries, Mechthild (eds.), *Uwe Timm* (Munich, Goethe-Institut, 1988).
2. Agossavi, Simplice, *Fremdenhermeneutik in der zeitgenössischen deutschen Literatur. An Beispielen von Uwe Timm, Gerhard Polt, Urs Widmer, Sibylle Knauss, Wolfgang Lange, Hans Christoph Buch* (St Ingbert, Röhrig, 2003).
3. Anonymous, 'Der Schriftsteller Uwe Timm', *Neue Zürcher Zeitung*, 20 December 2005.
4. Assmann, Aleida, 'On the (In)Compatibility of Guilt and Suffering in German Memory', *German Life and Letters*, No. 59 (2006), 187–200.
5. Basker, David (ed.), *Uwe Timm* (Cardiff, University of Wales, 1999).
6. — —, '"Die Wandlung des Alltags in Bedeutung". Social History and "die Ästhetik des Alltags"', in D. Basker (ed.), *Uwe Timm* (Cardiff, University of Wales, 1999) 82–109.
7. Barner, Wilfried (ed.), *Geschichte der deutschen Literatur von 1945 bis zur Gegenwart* (Munich, Beck, 1994), 602–5.
8. Borries, Mechthild, 'Frauenbilder in Uwe Timms Romanen. Beobachtungen einer weiblichen Leserin', in Keith Bullivant, Manfred Durzak and Hartmut Steinecke (eds.), *Die Archäologie der Wünsche. Studien zum Werk von Uwe Timm* (Cologne, Kiepenheuer & Witsch, 1995), 291–310.
9. 'Uwe Timm' in Kurt Böttcher (ed.), *Lexikon deutschsprachiger Schriftsteller. 20. Jahrhundert* (Hildersheim, 1993), 736–7.
10. Brosche, Wolfgang, 'Uwe Timms Gesellschaftskritik als Schmuggelgut im Roman. Auftakt der 9. Gastdozentur für Schriftsteller an der Uni-

GH', *Neue Westfälische*, 19 December 1991. [Reprinted in Hartmut Steinecke (ed.), *Literarisches aus erster Hand. 10 Jahre Paderborner Gast-Dozentur für Schriftsteller. Mit Texten von Max von der Grün, Erich Loest, Peter Rühmkorf, Peter Schneider, Eva Demski, Dieter Wellershoff, Herta Müller, Günter Kunert, Uwe Timm* (Paderborn, Igel, 1994), 246.]
11. Bullivant, Keith and Briegleb, Klaus, 'Die Krise des Erzählens – "1968" und danach', ibid., 328–330.
12. — —, 'Literatur und Politik', in Klaus Briegleb and Sigrid Weigel (eds.), *Gegenwartsliteratur seit 1968* (Munich, Hanser, 1992), 288–91.
13. Bullivant, Keith, 'The Writer as Anthropologist. The Works of Uwe Timm', in David Basker (ed.), *Uwe Timm* (Cardiff, University of Wales, 1999) 38–46.
14. — —, *Realism Today: Aspects of the Contemporary West German Novel* (Leamington Spa, Berg, 1987).
15. — —, *The Future of German Literature* (Oxford, Berg, 1994).
16. — —, 'Uwe Timm als Drehbuchautor', in Frank Finlay and Ingo Cornils (eds.), *'Unerfüllte Wirklichkeit. Neue Studien zu Uwe Timms Werk* (Würzburg, Königshausen & Neumann, 2006), 140–8.
17. — —, 'Uwe Timm und die Ästhetik des Alltags', in Keith Bullivant, Manfred Durzak and Hartmut Steinecke (eds.), *Die Archäologie der Wünsche. Studien zum Werk von Uwe Timm* (Cologne, Kiepenheuer & Witsch, 1995), 231–43.
18. Cosgrove, Mary and Fuchs, Anne, 'Introduction', *German Life and Letters*, No. 59 (2006), 163–8.
19. Drews, Jörg, 'Ein paar notwendige Anmerkungen zu Uwe Timms "Realismus und Utopie"', in Peter Laemmle (ed.), *Realismus – welcher? Sechzehn Autoren auf der Suche nach einem literarischen Begriff* (Munich, edition text + kritik, 1976), 178–83.
20. — —,'Wider einen neuen Realismus ', ibid., 151–63.
21. Durzak, Manfred, 'Ein Autor der mittleren Generation', in Keith Bullivant, M. Durzak and Hartmut Steinecke (eds.), *Die Archäologie der Wünsche. Studien zum Werk von Uwe Timm* (Cologne, Kiepenheuer & Witsch, 1995), 13–25.
22. Eigner, Gerd-Peter, 'Einschränkung der Kampfzone', *die horen*, No. 3 (2003), 101–8.
23. Finlay, Frank and Cornils, Ingo (eds.), *'Unerfüllte Wirklichkeit. Neue Studien zu Uwe Timms Werk* (Würzburg, Königshausen & Neumann, 2006).
24. Galli, Matteo, 'Kommunikatives Gedächtnis bei Uwe Timm', in Frank Finlay and Ingo Cornils (eds.), *'Unerfüllte Wirklichkeit. Neue Studien zu Uwe Timms Werk* (Würzburg, Königshausen & Neumann, 2006), 162-72.
25. Hagestedt, Lutz, 'Von essenden Sängern und singenden Ochsen. Sprechsituationen bei Uwe Timm', in Keith Bullivant, Manfred Durzak and Hartmut Steinecke (eds.), *Die Archäologie der Wünsche. Studien zum Werk von Uwe Timm* (Cologne, Kiepenheuer & Witsch, 1995), 245–66.

26. Hielscher, Martin (ed.), *Die Stimme beim Schreiben. Uwe Timm Lesebuch* (Munich, dtv, 2005).
27. — —, *Uwe Timm. dtv Porträt* (Munich, dtv, 2006).
28. Kesting, Hanjo, 'Uwe Timm', in Heinz Ludwig Arnold (ed.), *KLG. Kritisches Lexikon zur deutschsprachigen Gegenwartsliteratur (KLG)* (Munich, edition text + kritik, 1989), 31. Nlg.
29. Kirchner, Doris, 'Timm, Uwe', in Walther Killy (ed.), *Literaturlexikon. Autoren und Werke deutscher Sprache*, vol. 11 (Munich, 1991), 374.
30. Kraft, Thomas, 'Die Entdeckung des Alltags', *Freitag*, 25 March 2005.
31. — —, 'Timm, Uwe Hans Heinz', in Dietz-Rüdiger Moser (ed.) *Neues Handbuch der deutschen Gegenwartsliteratur seit 1945* (Munich, Nymphenburger, 1990), 613–5.
32. Kron, Norbert, 'Flammen des Digitalen', *Die Welt*, 7 January 2006.
33. Malchow, Helge, '*Der schöne Überfluß. Texte zu Leben und Werk von Uwe Timm* (Cologne, Kiepenheuer & Witsch, 2005).
34. Norris, Ted, 'Literatur und Ethnologie des 20. Jahrhunderts: Hubert Fichte, Bruce Chatwin und Uwe Timm', in Keith Bullivant, Manfred Durzak and Hartmut Steinecke (eds.), *Die Archäologie der Wünsche. Studien zum Werk von Uwe Timm* (Cologne, Kiepenheuer & Witsch, 1995), 267–89.
35. Offergeld, Rüdiger, 'Schreiben können: ein Privileg. Vom Kürschner zum Autor: Uwe Timm', *Welt der Arbeit*, 6 August 1981.
36. Preece, Julian, 'Between Identification and Documentation, Autofiction and Biopic. The Lives of the RAF', *German Life and Letters*, No. 56 (2003), 363–76.
37. Reinhold, Ursula, 'Vom Wert eigener Erfahrungen', *Weimarer Beiträge* 22 (1976), 60–8. [Reprinted in Ursula Reinhold, *Tendenzen und Autoren. Zur Literatur der siebziger Jahre in der BRD* (East Berlin, Dietz, 1982), 445–54.]
38. — —, 'Nachtrag 1980', in U. Reinhold, *Tendenzen und Autoren. Zur Literatur der siebziger Jahre in der BRD* (East Berlin, Dietz, 1982), 454–60.
39. Schilcher, Anita, 'Von Mäusen, Menschen und großen Abenteuern: Uwe Timms Kinder- und Jugendbücher', in Frank Finlay and Ingo Cornils (eds.), *Unerfüllte Wirklichkeit. Neue Studien zu Uwe Timms Werk* (Würzburg, Königshausen & Neumann, 2006), 149–61.
40. Schöll, Julia, '"Chaos und Ordnung zugleich – zum intra- und intertextuellen Verweissystem in Uwe Timms Erzähltexten', in Frank Finlay and Ingo Cornils (eds.), *Unerfüllte Wirklichkeit. Neue Studien zu Uwe Timms Werk* (Würzburg, Königshausen & Neumann, 2006), 127–39.
41. Schütt, Peter, 'Romanprojekte. Gesellschaftskritische Erkenntnisse werden gestaltet', *Deutsche Volkszeitung*, 27 April 1972.
42. Seifert, Walter, 'Aufklärung und Komik. Uwe Timms Kinderromane', in Keith Bullivant, Manfred Durzak and Hartmut Steinecke (eds.), *Die Archäologie der Wünsche. Studien zum Werk von Uwe Timm* (Cologne, Kiepenheuer & Witsch, 1995), 143–69.

43. Shafi, Monika, 'Talkin' 'bout my Generation. Memories of 1968 in Recent German Novels', *German Life and Letters*, No. 59 (2006), 201–16.
44. Simo, David, 'Literarische Methode der Interkulturalität bei Uwe Timm am Beispiel von *Morenga* und *Der Schlangenbaum*', *Comparativ. Leipziger Beiträge zur Universalgeschichte und vergleichenden Gesellschaftsforschung*, 2 (2002), 69–87.
45. Taberner, Stuart, 'Philo-Semitism in Recent German Film. *Aimée und Jaguar*, *Rosenstraße* and *Das Wunder von Bern*', *German Life and Letters*, No. 58 (2005), 357–72.
46. Uerlings, Herbert, 'Die Erneuerung des historischen Romans durch interkulturelles Erzählen. Zur Entwicklung der Gattung bei Alfred Döblin, Uwe Timm, Hans Christoph Buch und anderen', in Osman Durarani and Julian Preece (eds.), *Travellers in Time and Space. The German Historical Novel* (Amsterdam, Rodopi, 2001) [Amsterdamer Beiträge zur neueren Germanistik 51], 129–54.
47. Weidauer, Friedemann, '"Sollen wir ihn reinlassen?" Wolfgang Borcherts *Draußen vor der Tür* in neuen Kontexten', *German Life and Letters*, No. 59 (2006), 122–39.
48. Wilczek, Richard, 'Erzählen als "existentielle" Kategorie. Reflexionen zur Ästhetik des Narrativen bei Uwe Timm', in Volker Wehdeking and Anne-Marie Corbin (eds.), *Deutschsprachige Erzählprosa seit 1990 im europäischen Kontext. Interpretationen, Intertextualität, Rezeption* (Trier, Wissenschaftlicher Verlag Trier, 2003), 163–78.

2.b Individual texts
On *Widersprüche*
1. Ritter, Roman, 'Herrschaftssprache und Gegenrede', *Deutsche Volkszeitung*, 31 August 1972.
2. Schütt, Peter, 'Das Maß ist die Realität. Uwe Timms politische Texte', *Die Tat*, 20 May 1971.

On *Heißer Sommer*
3. Anonymous, 'das neue buch – Uwe Timm: *Heißer Sommer*', *Darmstädter Tagblatt*, 20 December 1974.
4. ――, '*Heißer Sommer*', *Frankfurter Neue Presse*, 5 February 1975.
5. ――, 'Von der Verweigerung zur bewußten Opposition', *Die Tat*, 12 October 1974.
6. Becker, Peter von, 'Thema versimmelt. Uwe Timms Roman über die Studentenrevolte', *Süddeutsche Zeitung*, 5–6 October 1974.
7. Beha, Erdmute, 'Ullrich Krauses Weg in die Politik. Roman über die Studentenbewegung', *Badische Zeitung*, 5 October 1974.
8. ――, 'Man muß etwas tun. Uwe Timms Roman über die Studentenbewegung', *Deutsche Volkszeitung*, 10 October 1974.

9. Bleisch, Ernst Günter, 'Revolution und Rolling Stones. Uwe Timm liest aus seinem Buch Heißer Sommer', Münchner Merkur, 27 November 1974.
10. Bullivant, Keith, Realism Today. Aspects of the Contemporary West German Novel (Leamington Spa, Berg, 1987), 109ff.
11. Buselmeier, Michael, 'Nach der Revolte. Die literarische Verarbeitung der Studentenbewegung', in W. Martin Lüdke (ed.), Literatur und Studentenbewegung. Eine Zwischenbilanz (Opladen, Westdeutscher, 1977), 158–85.
12. Cramer, Sibylle, 'Revolution als Mode. Zwei Romane – zwei mißlungene Emanzipationsversuche' [review of Heißer Sommer and Anja Lundholm, Zerreißprobe], Bücherkommentare, No. 6 (1974).
13. Fleischer, Wolf and Krull, Wilhelm, 'Rosen für das Proletariat. Die Studentenbewegung als literarisches Sujet', Einundzwanzig, No. 10 (1979), 108–45.
14. Gerhard, Marlis, 'Schwache Arbeit über Hölderlin. Uwe Timms Heißer Sommer – ein APO-Roman ohne Dogma', Stuttgarter Zeitung, 4 January 1975. [Reprinted in Irmgard Ackermann and Mechthild Borries (eds.), Uwe Timm (Munich, Goethe-Institut, 1988), 7.]
15. Götze, Karl-Heinz, 'Gedächtnis. Romane über die Studentenbewegung', Das Argument. Zeitschrift für Philosophie und Sozialwissenschaften, 23 (1981), 367–82 (369–76).
16. Greiner, Ulrich, 'Allem Anfang woht ein Zauber inne. Uwe Timms Heißer Sommer: der erste Roman über die Studentenbewegung', Frankfurter Allgemeine Zeitung, 8 October 1974. [Reprinted in Irmgard Ackermann and Mechthild Borries (eds.), Uwe Timm (Munich, Goethe-Institut, 1988), 8–9.]
17. Hosfeld, Rolf and Peitsch, Helmut, '"Weil uns diese Aktionen innerlich verändern, sind sie politisch". Bemerkungen zu vier Romanen über die Studentenbewegung', Basis. Jahrbuch für deutsche Gegenwartsliteratur, 8 (1978), 92–126 (115–20).
18. Hubert, Martin, 'Literatur der Studentenbewegung. Zur Neuauflage von Uwe Timms Roman Heißer Sommer', Deutsche Volkszeitung, 27 September 1985.
19. Jurgensen, Manfred, 'Die dokumentierte Fiktion: Heißer Sommer, Kerbels Flucht. Uwe Timms Zeugenbericht auf Widerruf', in Keith Bullivant, Manfred Durzak and Hartmut Steinecke (eds.), Die Archäologie der Wünsche. Studien zum Werk von Uwe Timm (Cologne, Kiepenheuer & Witsch, 1995), 27–45.
20. Kelber, Ulrich, 'Ein Roman aus der Studentenbewegung', Neue Hannoversche Presse, 9 November 1974.
21. Martin, Beate, 'Heißer Sommer', in Bernd and Jutta Gräf (eds.), Der Romanführer. Der Inhalt der Romane und Novellen der Weltliteratur, vol. 19, Inhalte erzählender deutscher Prosa aus den Jahren 1974 bis 1985. Zweiter Teil: L–Z (Stuttgart, Hiersemann, 1988), 271.

22. Pasinato, Antonio, 'Contestazione e tradizione nel '68. *Heißer Sommer* di Uwe Timm', *ACF. Annali della Facolta di Lingue e Litterature Straniere di Ca'Foscari*, 23 No. 2 (1984), 195–211. [Reprinted in *L 'immagine riflessa. Rivista quadrimestale di sociologica dei testi*, 10 (1987), 63–88.]
23. Piwitt, Hermann Peter, 'Rückblick auf heiße Tage. Die Studentenrevolte in der Literatur', in Hans Christoph Buch (ed.), *Literaturmagazin 4. Die Literatur nach dem Tod der Literatur. Bilanz der Politisierung* (Reinbek, Rowohlt, 1975), 35–46. [Reprinted as 'Rückblick auf heiße Tage. Romane der Studentenbewegung', in H. P. Piwitt, *Boccherini und andere Bürgerpflichten* (Reinbek, Rowohlt, 1976), 93–109.]
24. Prinz, Alois, *Der poetische Mensch im Schatten der Utopie. Zur politisch-weltanschaulichen Idee der 68'er Studentenbewegung und deren Auswirkung auf die Literatur* (Würzburg, Königshausen & Neumann, 1990), 150–211.
25. Püschel, Ursula, 'Von Mühe und Lust des Begreifens. Gerd Fuchs, *Beringer und die lange Wut*, Uwe Timm, *Heißer Sommer*, Aufbau-Verlag Berlin und Weimar', *Neue deutsche Literatur*, 24 No. 8 (1976), 152–8.
26. Rauh, Inge, 'Denkmal für die APO', *Nürnberger Nachrichten*, 23 November 1974.
27. Rieger, Manfred, 'Eigentlich sollte Ullrich über Hölderlin schreiben. Literarische Nachlese der Studentenbewegung', *Rhein-Neckar-Zeitung*, 10–11 May 1975.
28. — —, 'Flucht mit dem "Genossen Frust". Uwe Timm: literarische Nachlese der Studentenbewegung', *Westdeutsche Allgemeine Zeitung*, 15 March 1975.
29. Schachtsiek-Freitag, Norbert, 'Unkritische Parteinahme', *Frankfurter Hefte*, 30 No. 6 (1975), 66–8.
30. Schultz-Gerstein, Christian, 'Wetterberichte von der Apo-Front. Ein Roman um die Studentenbewegung herum', *Die Zeit*, 1 November 1974.
31. Schwerter, Werner, 'Der APO-Sommer', *Rheinische Post*, 7 December 1974.
32. Thomas, Christian, 'Uwe Timm: *Heißer Sommer*', *Stadtblatt* (Münster), No. 14–15, 13 July–9 August 1985.
33. Wallesch, Friedel, 'Timm, Uwe. *Heißer Sommer*', in Kurt Böttcher (ed.), *Romanführer A–Z*, vol. 3, 20. *Jahrhundert. Der österreichische und schweizerische Roman. Romane der BRD* (East Berlin, Volk und Wissen, 1980), 384–6.
34. Williams, Rhys, '"Uwe Timm oder unsicher in die 70er Jahre". *Heißer Sommer* and *Kerbels Flucht*', in David Basker (ed.), *Uwe Timm* (Cardiff, University of Wales, 1999) 47–65.

On *Kontext 1. Literatur und Wirklichkeit*

35. Buch, Hans Christoph, 'Hetze, daß die Fetzen fliegen', *Pardon*, No. 10 (1976). [Reprinted as 'Neuer literarischer Sansculottismus. Die

schrecklichen Vereinfacher aus dem Hause Bertelsmann', in H. C. Buch, *Das Hervortreten des Ichs aus den Wörtern. Aufsätze zur Literatur* (Munich, Hanser, 1978), 87-92.]
36. Geissler, Heinrich, 'Theorie der AutorenEdition. Periodikum *kontext* erschienen', *Die Tat*, 10 December 1976.
37. Hage, Volker, 'Realismus - wo denn? welcher? von wem? für wen? *kontext 1* und anderes zu der Frage, was realistische Literatur sein kann oder sein soll', *Frankfurter Allgemeine Zeitung*, 7 December 1976.
38. Piwitt, Hermann Peter, 'Über *Kontext 1*', Sender Freies Berlin, 1. Programm, 6 November 1976.

On *Morenga*
39. Anonymous, '"Deutsch-Südwest"-Bewältigung. Kolonialgeschichte als Roman', *Die Presse*, 24-25 June 1978.
40. — —, 'Guerilla in Deutsch-Südwest. Als das Reich noch Kolonien hatte - Ein Roman', *Kronen Zeitung* [Vienna], 1 July 1978.
41. — —, 'Menschlichkeit und ein bedrückendes Schweigen. Timms Roman *Morenga* zeichnet sich durch Mut aus', *Ruhr-Nachrichten*, 2 June 1978.
42. — —, '*Morenga* - Kleinbürgerlich anarchistische Theorien über die Befreiung des Menschen', *Kommunistische Volkszeitung*, 5 February 1979.
43. Baumbach, Kora, 'Literarisches going native. Zu Uwe Timms Roman *Morenga*', in Frank Finlay and Ingo Cornils (eds.), *Unerfüllte Wirklichkeit. Neue Studien zu Uwe Timms Werk* (Würzburg, Königshausen & Neumann, 2006), 92-112.
44. Booß, Rutger, 'David, Goliath und die Hottentotten', *Rote Blätter*, July-August, 1978.
45. Busche, Jürgen, 'Ein deutsches Vietnam in Südwest? *Morenga*, Uwe Timms historischer Roman über den Kolonialkrieg in Afrika', *Frankfurter Allgemeine Zeitung*, 18 April 1978.
46. Bullivant, Keith, *Realism Today. Aspects of the Contemporary West German Novel* (Leamington Spa, Berg, 1987), 152ff.
47. Chotjewitz, Peter O., 'Das liest sich alles, als wäre es so gewesen. Uwe Timms *Morenga* - ein großer Roman über die Aufstände der Hereros und Hottentotten', *Deutsche Volkszeitung*, 6 April 1978. [Reprinted in Irmgard Ackermann and Mechthild Borries (eds.), *Uwe Timm* (Munich, Goethe-Institut, 1988), 13-15.]
48. Dede, H. E., '"Bis das Land den Menschen gehört". Uwe Timms Roman *Morenga* - Widerstand im ehemaligen "Deutsch-Südwest-Afrika"', *Unsere Zeit*, 15 July 1978.
49. Figge, Klaus, 'Film über Uwe Timms *Morenga*', Südwestfunk Baden Baden, 1 June 1978.
50. General, Regina, 'Ein Kapitel Großdeutscher Träume', *Sonntag*, 5 October 1980.

51. Giordano, Ralph, 'Der Sieger wird *Morenga* heißen', in *ARD Fernsehspiel. Jan Feb März 1985*, ed. im Auftrag der ARD von der Pressestelle des WDR (Cologne, 1985), 128-32.
52. Göttsche, Dirk, 'Der neue deutsche Afrika-Roman. Kolonialismus aus postkolonialer Sicht', *German Life and Letters*, No. 56 (2003), 261-80.
53. Gurlit, Marion, 'Uwe Timm, *Morenga*, Verlag Kiepenheuer & Witsch, Köln, 1985', in Gesellschaft für entwicklungspolitische Bildungsarbeit (eds.), *EPK. Entwicklungspolitische Korrespondenz*, No. 1 (March 1991).
54. Hermand, Jost, 'Afrika den Afrikanern! Timms *Morenga*', in Keith Bullivant, Manfred Durzak and Hartmut Steinecke (eds.), *Die Archäologie der Wünsche. Studien zum Werk von Uwe Timm* (Cologne, Kiepenheuer & Witsch, 1995), 47-63.
55. Herrmann, Ludolf, 'Phantasien über Namibia', *Deutsche Zeitung / Christ und Welt*, 20 October 1978.
56. Hielscher, Martin, 'Sprechende Ochsen und die Beschreibung der Wolken. Formen der Subversion in Uwe Timms Roman *Morenga*', *Sprache im technischen Zeitalter*, No. 168 (2003), 463-71.
57. Holzinger, Lutz, 'Der Alltagskolonialismus', *Volksstimme*, 21 July 1978.
58. Horn, Peter, 'Fremdsprache und Fremderlebnis. Dr Johannis Gottschalks Lernprozeß in Uwe Timms *Morenga*', *Jahrbuch Deutsch als Fremdsprache*, 14 (1988), 75-91.
59. — —, 'Über die Schwierigkeit, einen Standpunkt einzunehmen. Zu Uwe Timms *Morenga*', in Keith Bullivant, Manfred Durzak and Hartmut Steinecke (eds.), *Die Archäologie der Wünsche. Studien zum Werk von Uwe Timm* (Cologne, Kiepenheuer & Witsch, 1995), 93-118.
60. Kersten, Paul, 'Uwe Timm, *Morenga*', Norddeutscher Rundfunk, 2. Programm, 1 July 1978..
61. — —, 'Uwe Timm, *Morenga*', *Stern*, 1 June 1978
62. Kipphardt, Heinar, 'Laudatio auf Uwe Timm (*Morenga*)' [speech given on the occasion of Timm receiving the Bremer Literaturpreis, 26 January 1979], in H. Kipphardt, *Ruckediguh, Blut ist im Schuh. Essays, Briefe, Entwürfe*, vol. 2, *1964-82* (Reinbek, Rowohlt, 1989), 261-5. [Abridged version, as 'Kolonisation als Geschäftsvorgang', in Wolfgang Emmerich (ed.), *'Bewundert viel und viel gescholten . . . ' Der Bremer Literaturpreis 1954-1987. Reden der Preisträger und andere Texte* (Bremerhaven, Wirtschaftsverlag NW, 1988), 233-4.]
63. Krall, Günter, 'Rückzug auf das Ich', *Die Rheinpfalz*, 20 July 1978.
64. Krause, Christine, 'Uwe Timm, *Morenga*', Radio Bremen, 2. Programm, 24 February 1979.
65. Kußler, Rainer, 'Interkulturelles Lernen in Uwe Timms *Morenga*', *Acta Germanica*, 21 (1992), 201-27. [Reprinted in Keith Bullivant, Manfred Durzak and Hartmut Steinecke (eds.), *Die Archäologie der Wünsche. Studien zum Werk von Uwe Timm* (Cologne, Kiepenheuer & Witsch, 1995), 65-91.]

66. Neukirchen, Alfons, 'Besprechung von Uwe Timms *Morenga*', Süddeutscher Rundfunk, 2. Programm, 23 July 1978.
67. — —, 'Die Legende von Südwest. Uwe Timms Buch über den deutschen Kolonialismus', *Rheinische Post*, 27 May 1978.
68. Oberprieler, Gudrun, 'Gottschalks Entwicklungsprozeß oder der gescheiterte Versuch, einen fremdkulturellen Kode zu erlernen. Eine Untersuchung zu Uwe Timms Roman *Morenga*', *Acta Germanica*, Beiheft 2 (1991), 167–83.
69. Ortlepp, Gunnar, 'Orlog in Südwest', *Der Spiegel*, 31 July 1978.
70. Pakendorf, Gunther, '*Morenga* oder Geschichte als Fiktion', *Acta Germanica*, 19 (1988), 144–58.
71. Parr, Rolf, 'Nach Gustav Frenssens Peter Moor. Kolonialisten, Herero und deutsche Schutztruppen bei Hans Grimm undUwe Timm', *Sprache im technischen Zeitalter*, No. 168 (2003), 395–410.
72. Scheller, Wolf, 'Ein afrikanischer Che Guevara in Deutsch-Südwest', *Bücherkommentare*, No. 4 (July–August, 1978).
73. — —, 'Ein edler Kämpfer? Uwe Timm über den Rebellen Morenga', *Kölner Stadt-Anzeiger*, 2 September 1978.
74. — —, 'Epos über angemaßte Herrschaft', *Mannheimer Morgen*, 28 September 1978.
75. — —, 'Schicksalskampf eines afrikanischen Volkes. Uwe Timms Roman über den Hottentottenführer Morenga', Deutsche Welle, Deutsches Programm, 19 May 1978.
76. — —, 'Uwe Timm, *Morenga*', Sender Freies Berlin, 1. Programm, 13 July 1978.
77. Schmidt, Jürgen, 'Herrenmenschen in Südwest. Uwe Timms Rebellen-Roman *Morenga*', *Stuttgarter Zeitung*, 3 February 1979.
78. Sperr, Monika, 'Als die Deutschen Sklaven hatten. Uwe Timms Roman *Morenga* schildert den Freiheitskampf der Schwarzen in Afrika', *Abendzeitung*, 2 September 1978. [Reprinted in Irmgard Ackermann and Mechthild Borries (eds.), *Uwe Timm* (Munich, Goethe-Institut, 1988), 16.]
79. — —, 'Deutsche Glorie auch zu den Hereros. Mit *Morenga* gelang Uwe Timm ein spannender und weitgehend dokumentarischer Roman', *Vorwärts*, 19 October 1978.
80. — —, '*Morenga*, Roman von Uwe Timm', *Die Zeit*, 20 October 1978.
81. — —, 'Rebellen von Namibia. Uwe Timms Schilderung des Freiheitskampfes im ehemaligen Deutsch-Südwestafrika', *Nürnberger Nachrichten*, 29 December 1978.
82. — —, 'Vor Ort', *Basler Zeitung*, 27 December 1978.
83. Streese, Konstanze, *'Cric?' – 'Crac!' Vier literarsiche Versuche, mit dem Kolonialismus umzugehen* (Bern, Berlin, Frankfurt am Main, Lang, 1991), 65–100.
84. Traber, Margrit, 'Kolonisatoren in Südwestafrika', *Neue Zürcher Zeitung*, 28 July 1978.

85. Ueding, Gert, 'Uwe Timm, *Morenga*', Deutschlandfunk, 30 July 1978.
86. Vormweg, Heinrich, 'Uwe Timms *Morenga*', Hessischer Rundfunk, 26 July 1978.
87. Walser, Martin, 'Kropotkin bei den Hottentotten', *Konkret*, No. 7 (1978).
88. Wilke, Sabine, '"Hätte er bleiben wollen, hätter er anders denken und fühlen lernen müssen". Afrika geschildert aus Sicht der Weißen in Uwe Timms *Morenga*', *Monatshefte*, 3 (2001), 335–54.
89. Zahl, Peter-Paul, 'Widerstandskämpfer – die kollektive Persönlichkeit. Uwe Timms Roman über Südwestafrika', *Frankfurter Rundschau*, 19 December 1978.
90. Zeller, Eva, 'Uwe Timms Roman *Morenga*, vorgestellt von Eva Zeller', RIAS Berlin, 2. Programm, 5 July 1978.

On *Kerbels Flucht*
91. Bosch, Manfred, 'Die Revolution frißt ihre Kinder. Zu Uwe Timms Roman *Kerbels Flucht*', *Die Horen*, 25 No. 120 (1980), 201–2.
92. – –, 'Flucht und (erzählerischer) Neubeginn', *Basler Zeitung*, 12 July 1980.
93. Bullivant, Keith, 'Möglichkeiten eines subjektiven Realismus – zur Realismusdiskussion der siebziger Jahre, zu Peter Handkes *Die Stunde der wahren Empfindung* und Uwe Timms *Kerbels Flucht*', in K. Bullivant and Hans Joachim Althof (eds.), *Subjektivität – Innerlichkeit – Abkehr vom Politischen? Tendenzen der deutschsprachigen Literatur der 70er Jahre. Dokumentation der Tagungsbeiträge des Britisch-Deutschen Germanistentreffens in Berlin vom 12.04–18.04.1982* (Bonn, DAAD, 1986), 19–34.
94. – –, *Realism Today: Aspects of the Contemporary West German Novel*, (Leamington Spa, Berg, 1987), 188ff.
95. Goetz, Rainald, 'Keine Lust auf nichts. Uwe Timms Porträt einer Generation', *Süddeutsche Zeitung*, 23–24 August 1980.
96. – –, 'Uwe Timm, *Kerbels Flucht*', Sender Freies Berlin, 1. Programm, 22 September 1980.
97. Götze, Karl-Heinz, 'Gedächtnis. Romane über die Studentenbewegung', *Das Argument. Zeitschrift für Philosophie und Sozialwissenschaften*, 23 (1981), 367–82 (376–8).
98. Hage, Volker, 'Auf der Flucht', in V. Hage (ed.), *Die Wiederkehr des Erzählers. Neue deutsche Literatur der siebziger Jahre* (Frankfurt am Main, Ullstein, 1982), 160–2.
99. Hosfeld, Rolf, 'Uwe Timm, *Kerbels Flucht*', Westdeutscher Rundfunk, 3. Programm, 30 October 1980.
100. Kämper-van den Boogaart, Michael, *Ästhetik des Scheiterns. Studien zu Erzähltexten von Botho Strauß, Jürgen Theobaldy, Uwe Timm* (Stuttgart, Metzler, 1992), 117–44.
101. Kesting, Hanjo, 'Die alten Leiden des neuen Werther', *Frankfurter Rundschau*, 9 September 1980.

102. Krall, Günter, 'Porträt einer lustlosen Generation', *Die Rheinpfalz*, 30 October 1980.
103. Müller, Roland, 'Schöne Helden bleiben auf der Strecke. Uwe Timm mit zwei Romanen aus der Marktwirtschaftsszene' [*Kerbels Flucht* and *Kopfjäger*], *Neues Deutschland*, 25 October 1991.
104. Reinhardt, Stephan, 'Mutlosigkeit', *Frankfurter Hefte* No. 1 (1981), 71–3.
105. Retzlaff, Randolf, 'Nur noch ein Leben als Zuschauer. Seinem Helden läßt der Autor keine Chance', *Die Tat*, 25 July 1980.
106. Rieger, Manfred, 'Erstarrt und mit atemloser Unruhe. Uwe Timms Roman über die 68er Generation', *Rheinische Post*, 27 March 1981.
107. Schütze, Peter, 'Unlust als Todesursache', *Deutsche Volkszeitung*, 17 April 1980.
108. Stratz, Erika, 'Jugend ohne Hoffnung', *Neue Ruhr-Zeitung*, 3 December 1981.
109. Traber, Margrit, '*Kerbels Flucht*', *Neue Zürcher Zeitung*, 15 November 1980.
110. Zacharias, Carna, 'Am Rand des Abgrunds', *Abendzeitung*, 18 April 1980. [Reprinted in Irmgard Ackermann and Mechthild Borries (eds.), *Uwe Timm* (Munich, Goethe-Institut, 1988), 11.]
111. Zeller, Michael, 'Nicht einmal eine Bombe wert. Uwe Timms Aussteiger-Roman *Kerbels Flucht*', *Frankfurter Allgemeine Zeitung*, 18 April 1980.

On *Die Zugmaus*
112. Anonymous, '*Die Zugmaus*', *Frankfurter Allgemeine Zeitung*, 13 February 1982.
113. — —, 'Hutzel, Zottel, Zugmäuse und Menschen. Geschichten von Otfried Preußler und Uwe Timm', *Deutsche Volkszeitung*, 3 December 1981.
114. — —, 'Richard Hughes: *Der Wunderhund* [. . .] / Uwe Timm: *Die Zugmaus*', *Süddeutsche Zeitung*, 6 October 1982.

On *Deutsche Kolonien*
115. Anonymous, 'Der Zusammenprall verschiedener Kulturen', *Badisches Tagblatt*, 15 February 1982.
116. — —, 'Die härtesten Herren', *Der Spiegel*, 7 December 1981.
117. — —, 'Posen deutscher Kolonialherren', *Bremer Nachrichten*, 19 December 1981.
118. — —, 'Von Kaiserreich und Kolonisierten', *Nordwest-Zeitung*, 19 January 1982.
119. Behrendt, Meike, 'Deutsche Tropen', *Die Zeit*, 8 May 1987.
120. Schaper, Michael, 'Schnaps, Tand und etwas Geld', *Stern*, 17 December 1981.

121. Schätzle, Egon, 'Uwe Timm: *Deutsche Kolonien*', Norddeutscher Rundfunk, 1. Programm, 23 August 1987.
122. Thorn-Prikker, Jan, 'Patriarchalische Geste', *Evangelische Kommentare*, No. 5 (1982) 10.
123. Van der Heyden, Ulrich, 'Uwe Timm: *Deutsche Kolonien*. Köln: Verlag Kiepenheuer & Witsch 1986', *Asien – Afrika – Lateinamerika. Zeitschrift des Zentralen Rates für Asien-, Afrika- und Lateinamerikawissenschaften in der DDR*, 17 No. 1 (1989) 12.

On *Die Piratenamsel*
124. Anonymous, 'Die Abenteuer des Vogels Padde', *Kieler Nachrichten*, 7 October 1983.
125. – –, 'Die Piratenamsel. Uwe Timms zweites Reisetier', *Deutsche Volkszeitung*, 25 November 1983.
126. – –, 'OttoKar wird langsam alt. Tierbücher, spaßig und traurig', *Saarbrücker Zeitung am Wochenende*, 8–14 October 1983.
127. Lohr, Ines, 'Schlauer Beo. Stationen einer Weltreise', *Der Tagesspiegel*, 1 March 1992.
128. Pluwatsch, Petra, 'Fee Franziskas Zauber-Zucker. Lesenswerte Geschichten bekannter Autoren. Neues von Nöstlinger, Ende und Timm', *Kölner Stadt-Anzeiger*, 6–7 July 1991.
129. Schüler, Ursula, 'Uwe Timm. *Die Piratenamsel*', *Jugenbuchmagazin*, 34 No. 3 (1984), 158.

On *Der Mann auf dem Hochrad*
130. Ackermann, Paul Kurt, 'Uwe Timm. *Der Mann auf dem Hochrad*', *World Literature Today: Literary Supplement of the University of Oklahoma*, Winter 1986.
131. Anonymous, 'Radelnde Lebenskunst', *Westfälische Rundschau*, 29 October 1984.
132. Beckelmann, Jürgen, 'Der Don Quichotte einer deutschen Kleinstadt', *Mannheimer Morgen*, 3 January 1985.
133. – –, 'Onkel Franz, Don Quichotte von Coburg', *Volksblatt Berlin*, 17 October 1984. [Reprinted in Irmgard Ackermann and Mechthild Borries (eds.), *Uwe Timm* (Munich, Goethe-Institut, 1988), 22–3.]
134. Bielefeld, Claus-Ulrich, 'Die legendäre Sinnschärfmaschine', *Frankfurter Allgemeine Zeitung*, 28 August 1984.
135. Fischbach, Ute, 'Ein Leben auf dem Hochrad. Uwe Timms historischer Familien-Roman', *Münchner Merkur*, 4 October 1984.
136. General, Regina, 'Fahrversuche. Uwe Timm: *Der Mann auf dem Hochrad*, Roman, Aufbau-Verlag, Berlin und Weimar', *Sonntag*, 15 June 1986.
137. Grumbach, Detlef, 'Welt verändern, weil ich LUST hab', *Hamburger Rundschau*, 4 October 1984.

138. Jokostra, Peter, 'Bewegte Stille', *Rheinische Post*, 13 October 1984.
139. — —, 'Uwe Timm: *Der Mann auf dem Hochrad*', Österreichischer Rundfunk, 10 March 1985.
140. Kaiser, Johannes, 'Uwe Timm: *Der Mann auf dem Hochrad*', Hessischer Rundfunk, 15 May 1985.
141. Lettau, Annette, 'Der Traum vom Fortschritt', Bayerischer Rundfunk, 1. Programm, 1 December 1984.
142. — —, 'Neumodisches Teufelswerk', *Westermanns Monatshefte*, No. 12 (1984), 55.
143. Reinhardt, Stephan, 'Vom Farbenreichen. Uwe Timms neue Prosa', *Frankfurter Rundschau*, 3 October 1984.
144. Ritter, Roman, 'Drahteseleien eines Tierpräparators', *Konkret*, No. 9 (1984), 90–2.
145. — —, 'Pedaltreter der Zukunft. Uwe Timms amüsante Familienlegende aus Coburg: *Der Mann auf dem Hochrad* – Pionier neuer Beweglichkeit', *Nürnberger Nachrichten*, 20 August 1984. [Reprinted in Irmgard Ackermann and Mechthild Borries (eds.), *Uwe Timm* (Munich, Goethe-Institut, 1988), 20–1.]
146. Rohde, Hedwig, 'Onkel Franz auf dem Hochrad. Uwe Timm las im Buchhändlerkeller aus seinem neuen Roman', *Der Tagesspiegel*, 26 January 1985.
147. Schlodder, Holger, 'Der halsstarrige Erfinder', *Hannoversche Allgemeine Zeitung*, 25 November 1984.
148. — —, 'Vom Fortschritt überrollt', *Darmstädter Echo*, 20 October 1984.
149. Siegler, Beate, 'Uwe Timm: *Der Mann auf dem Hochrad*, vorgestellt von Beate Siegler (mit Zitaten aus dem Roman)', RIAS Berlin, 2. Programm, 12 February 1985.
150. Springer, Michael, 'Stabil nur durch Bewegung. Uwe Timms Legende vom Hochrad', *Deutsche Volkszeitung*, 5 October 1984.
151. Tantow, Lutz, 'Hochrad kommt vor dem Fall. Spannung, Nachdenken und Spaß mit Uwe Timm', *Saarbrücker Zeitung*, 11 March 1985.
152. Vormweg, Heinrich, 'Aus dem frühen Alltag des Fortschritts. Wie Uwe Timms Großonkel die Coburger für das Hochrad begeistern wollte', *Süddeutsche Zeitung*, 7 November 1984. [Reprinted in Irmgard Ackermann and Mechthild Borries (eds.), *Uwe Timm* (Munich, Goethe-Institut, 1988), 19–20.]
153. Weiler, Klaus, 'Ein Ästhet der Bewegung', Deutsche Welle, 24 September 1984.

On *Der Schlangenbaum*
154. Anonymous, 'Allmacht der Technik hat an Kraft verloren. Geschichte eines Ingenieurs im Dschungel Lateinamerikas. Uwe Timm las aus dem Roman *Der Schlangenbaum*', *Westdeutsche Allgemeine Zeitung*, 7 November 1986.

155. Bärenbold, Kuno, 'Germanistenliteratur. Uwe Timm erzählt', *Die Tageszeitung*, 5 December 1986.
156. Bauer, Michael, 'Flucht, Macht, Magie', *Neue Zürcher Zeitung*, 15 November 1986. [Reprinted in Irmgard Ackermann and Mechthild Borries (eds.), *Uwe Timm* (Munich, Goethe-Institut, 1988), 25.]
157. Breitinger, Eckhard, 'Auf dem Vulkan', *Stuttgarter Zeitung*, 13 December 1986.
158. Busch, Frank, 'Hoch- und Tiefbau', *Die Zeit*, 7 November 1986.
159. Drewitz, Ingeborg, 'Das Elend im Urwald. Anklage gegen die neue Ausbeutung: Zu Uwe Timms Roman *Der Schlangenbaum* – Beklemmende Bilder', *Nürnberger Nachrichten*, 22 August 1986.
160. – –, 'Wagners Abenteuer', *Deutsches Allgemeines Sonntagsblatt*, 14 September 1986.
161. Ebel, Martin, 'Homo Faber und der Urwald', *Badische Zeitung*, 18–19 October 1986.
162. Ehret, Eva, 'Reise in das Chaos', *Mannheimer Morgen*, 30 September 1986.
163. Ercan, Berna and Schalk, Axel, 'Von A-pokalypse biz Z-erfall. *Der Schlangenbaum* – Uwe Timms politischer Roman', in Frank Finlay and Ingo Cornils (eds.), *Unerfüllte Wirklichkeit. Neue Studien zu Uwe Timms Werk* (Würzburg, Königshausen & Neumann, 2006), 113–26.
164. Ernst, Gustav, 'Uwe Timm: *Der Schlangenbaum*', Österreichischer Rundfunk, 8 February 1987.
165. Friedrich, Volker, 'Ein Snob im Dschungel', *Stuttgarter Nachrichten*, 1 October 1986.
166. Fuld, Werner, 'Die Sandbank im Regenwald', *Frankfurter Allgemeine Zeitung*, 29 September 1986.
167. Großmann, Thomas, 'Von der Dingen und Menschen fremden Logik', *Listen. Zeitschrift für Leserinnen und Leser*, No. 6 (Winter 1986).
168. Grumbach, Detlef, '*Der Schlangenbaum*', *Die Wahrheit*, 13–14 September 1986.
169. Hartl, Edwin, 'Fiasko der Tüchtigkeit. Postkoloniale Verblendung', *Die Presse*, 31 January–1 February 1987.
170. Hebel, Franz, 'Technikentwicklung und Technikfolgen in der Literatur. Timm, *Der Schlangenbaum* / Eisfeld, *Das Genie* / Dürrenmatt, *Der Auftrag* / Wolf, *Störfall*', *Der Deutschunterricht*, 41 No. 5 (1989), 35–45.
171. Hegmanns, Dirk, 'Ungeeignet zum Export. Europäische Werte', *Neue Westfälische*, 10 December 1986.
172. Hesse, Hans, '*Der Schlangenbaum*', in Bernd and Jutta Gräf (eds.), *Der Romanführer. Der Inhalt der Romane und Novellen der Weltliteratur*, vol. 28, *Deutschsprachige Prosa aus den Jahren 1986 bis 1992. Zweiter Teil: L–Z* (Stuttgart, Hiersemann, 1994), 265–6.
173. Jelend, Wolfgang, 'Wagners Wandlung', *Westermanns Kulturmagazin*, No. 9 (1986), 70.

174. Klimm, Annemarie, 'Der Schlangenbaum', in Bernd and Jutta Gräf (eds.), Der Romanführer. Der Inhalt der Romane und Novellen der Weltliteratur, vol. 19, Inhalte erzählender deutscher Prosa aus den Jahren 1974 bis 1985. Zweiter Teil: L–Z (Stuttgart, Hiersemann, 1988), 272.
175. Kreimeier, Klaus, 'Katharsis eines Bauingenieurs', Frankfurter Rundschau, 6 December 1986. [Reprinted in Irmgard Ackermann and Mechthild Borries (eds.), Uwe Timm (Munich, Goethe-Institut, 1988), 26–7.]
176. Kuruyazici, Nilüfer, 'Unterschiedliche Lesemöglichkeiten von Uwe Timms Roman Der Schlangenbaum', in Bernd Balzer and Irena Swiatlowska, Annäherungen. Polnische, deutsche und internationale Germanistik (Wroclaw, Oficyna Wydawnicza ATUT, 2003), 494–501.
177. Lettau, Annette, 'Der Urwald verschlingt die Fabrik', Hannoversche Allgemeine, 4–5 October 1986. [Reprinted in Irmgard Ackermann and Mechthild Borries (eds.), Uwe Timm (Munich, Goethe-Institut, 1988), 28–9.]
178. Lohmann, Carl-Wilhelm, 'Uwe Timm: Der Schlangenbaum', Norddeutscher Rundfunk, 22 September 1986.
179. Meyer-Minnemann, Klaus, 'Die fremde Logik und die Ordnung der Dinge. Uwe Timm, Der Schlangenbaum', in Keith Bullivant, Manfred Durzak and Hartmut Steinecke (eds.), Die Archäologie der Wünsche. Studien zum Werk von Uwe Timm (Cologne, Kiepenheuer & Witsch, 1995), 119–42.
180. Niven, Bill, 'The Green Bildungsroman', in Colin Riordan (ed.), Green Thought in German Culture. Historical and Contemporary Perspectives (Cardiff, University of Wales Press, 1997), 198–209.
181. Oehlen, Martin, 'Es knirscht im Getriebe. Geschichte eines Aussteigers in Südamerika', Kölner Stadt-Anzeiger, 18–19 October 1986.
182. Reck, Hartmut, 'Ohnmacht im Dschungel', Westdeutsche Allgemeine Zeitung, 6 October 1986.
183. Riordan, Colin, '"Der Weg in die Zukunft". Uwe Timm and the Problem of Political Ecology', in David Basker (ed.), Uwe Timm (Cardiff, University of Wales, 1999), 66–81.
184. Sars, Paul, 'Uwe Timm: Der Schlangenbaum. Roman', Deutsche Bücher, 16 (1986), 275–6.
185. Schmitz-Albohn, Thomas, 'Zivilisation und ihre Grenzen: Im Urwald ist Europa mit dem Latein schnell am Ende. Uwe Timm erzählt in seinem neuen Roman Der Schlangenbaum von einem gescheiterten Projekt', Oberhessische Presse, 13 March 1987.
186. Schneider, Michael, 'Homo Faber im Regenwald', Konkret, No. 12 (1986).
187. Sedel'nik, V. [review of Der Schlangenbaum], Sovremennaya chudozestvennya literatura za rubezon [Moscow], No. 4 (1987), 81–3.
188. Stuber, Manfred, 'Ein Kreuzfahrer der Zivilisation erleidet Schiffbruch. Uwe Timms neuer Roman Der Schlangenbaum erzählt vom

Scheitern eines deutschen Ingenieurs in Südamerika', *Mittelbayerische Zeitung*, 28 November 1986.
189. Tantow, Lutz, 'In den Fallen der Fremde. Uwe Timms Südamerika-Roman *Der Schlangenbaum*', *Saarbrücker Zeitung*, 25 November 1986.
190. Thomas, Christian, 'Ein Vorposten des Fortschritts', *Stadtblatt Münster*, 27 December 1986–23 January 1987.
191. Vormweg, Heinrich, 'Auf Wasser gebaut. Vorzüglich nur im Handwerklichen: Uwe Timms neuer Roman', *Süddeutsche Zeitung*, 1 October 1986.
192. — —, 'Uwe Timm, *Der Schlangenbaum*', Deutschlandfunk, 30 September 1986.
193. Wick, Ingeborg, 'Südamerikanische Odyssee', *Deutsche Volkszeitung*, 3 October 1986.

On *Vogel, friß die Feige nicht*
194. Bauer, Michael, 'Privates, allzu Privates', *Neue Zürcher Zeitung*, 9 August 1989.
195. Grieger, Manfred, 'Fremdheitssuche im fernen Rom', *Unsere Zeit*, 23 June 1989.
196. Grumbach, Detlef, 'Alltag einer fremden Stadt', *Deutsches Allgemeines Sonntagsblatt*, 2 June 1989.
197. Hielscher, Martin, 'Subversives Pfeifen. Auch Uwe Timm in Rom', *Frankfurter Allgemeine Zeitung*, 13 March 1989.
198. Mack, Gerhard, 'Ein Hauch vom Paradies. Uwe Timms Rom-Skizzen', *Die Tageszeitung*, 5 February 1990.
199. Mohr, Peter, 'Ein sympathisches Streben nach Utopien. Humoristische Miniaturen von Uwe Timm aus dem Wallfahrtsort deutscher Literaten', *Eßlinger Zeitung*, 1 September 1989.
200. — —, 'Gegen die Vergangenheit anschreiben. Uwe Timms Luftholen in Rom', *Die Presse*, 12–13 August 1989.
201. — —, 'Subtile Suche eines Spät-68ers', *Schwäbische Zeitung*, 6 October 1989.
202. Müller, Roland, 'Rom ganz anders. Uwe Timm auf Reisen', *Stuttgarter Zeitung*, 7 July 1989.
203. Pickerodt, Gerhart, 'Die Außenhaut der Dinge', *Deutsche Volkszeitung*, 14 April 1989.
204. Sanna, Simonetta, 'Eigenes und Fremdes, Lust und List. Uwe Timms römische Aufzeichnungen', in Keith Bullivant, Manfred Durzak and Hartmut Steinecke (eds.), *Die Archäologie der Wünsche. Studien zum Werk von Uwe Timm* (Cologne, Kiepenheuer & Witsch, 1995), 171–87.
205. Schirnding, Albert von, 'Wiedergewinnung des Tastsinns. Uwe Timms römische Erkundungen', *Süddeutsche Zeitung*, 5 April 1989.
206. Tantow, Lutz, 'Zum Beispiel das Spaghetti-Essen. Ein Deutscher sieht Italien – und damit sich', *Saarbrücker Zeitung*, 20 September 1989.

On *Rennschwein Rudi Rüssel*

207. Anonymous, 'Spaß mit dem Rennschwein', *Kölner Stadt-Anzeiger*, 25–26 May 1989.
208. — —, '*Rennschwein Rudi Rüssel*', *Badische Zeitung*, 29 June 1989.
209. Frisé, Maria, 'Rudi Rüssel, das Glücksschwein', *Frankfurter Allgemeine Zeitung*, 10 April 1990.
210. Grumbach, Detlef, 'Was man in der Realität nicht schafft, schafft man in der Literatur. Uwe Timm wird für seine Geschichte *Rennschwein Rudi Rüssel* mit dem Deutschen Jugendbuchpreis – Sparte Kinderbuch ausgezeichnet', *Volkszeitung*, 20 July 1990.
211. Klimmer, K.-H., 'Uwe Timm. *Rennschwein Rudi Rüssel*', *Jugendbuchmagazin*, 41 No. 1 (1991), 50.
212. Kock-Engelking, Dorit and Lewin, Jochen, *Rennschwein Rüdi Rüssel. Ein Leseprojekt zu dem gleichnamigen Roman von Uwe Timm* (Berlin, Cornelsen, 2000).
213. Lohr, Ines, 'Das Schwein im Mittelpunkt', *Der Tagesspiegel*, 2 July 1989.
214. Müller, Trude, 'Uwe Timm. *Rennschwein Rudi Rüssel*', *Jugendbuchmagazin*, 43 No. 4 (1993), 208.
215. Offermann, Waltraud, 'So sauber ist (k)ein Schwein!', *Eselsohr*, No. 8 (1989), 12.
216. Wrobel, Dieter, *Uwe Timm: Rennschwein Rudi Rüssel* (Munich, Oldenbourg, 2004) [Modelle für den Literaturunterricht 5–10].

On *Kopfjäger*

217. Albers, Wolfgang, 'Quasselkunst', *Stuttgarter Zeitung*, 6 December 1991.
218. Amor, Manuel José, 'Ein Leben ohne Geldsorgen. *Kopfjäger*: Wirtschaftskrimi mit Sozialkritik', *Westfälische Rundschau*, 23 November 1991.
219. Anonymous, 'Atemberaubende Lust am Fabulieren', *Gießener Anzeiger*, 5 February 1994.
220. — —, 'Ein literarisches Puzzle mit wenig spannendem Stoff', *Badisches Tagblatt*, 19 December 1991.
221. — —, 'Fluchtziel: Osterinsel. Auf der Flucht vor der Justiz', *Neue Osnabrücker Zeitung*, 30 December 1991.
222. — —, '*Headhunter* by Uwe Timm', *The New Yorker*, 2 May 1994, 109.
223. — —, '*Headhunter*. By Uwe Timm', *Washington Post. Book World*, 20 February 1994.
224. — —, '*Kopfjäger* fing das Publikum ein. Uwe Timms Roman zeichnet eine feine Ironie und überraschende Pointen aus', *Nordsee-Zeitung*, 29 January 1992.
225. — —, 'Timm, Uwe. *Headhunter*', *Kirkus Reviews*, 1 November 1993.
226. Bawer, Bruce, 'It's dog-eat-dog in Deutschland. *Headhunter* by Uwe Timm', *The Wall Street Journal*, 28 February 1994.

227. Bittrich, Dietmar, 'Ein fröhlicher Betrüger', *Spiegel Special. Bücher '91*, No. 3 (October 1991).
228. Boedecker, Sven, 'Eine Flucht aus Deutschland. Zu Uwe Timms neuem Roman *Kopfjäger* – Die Wandlung eines Betrügers zum "Vogelmenschen"', *Nürnberger Nachrichten*, 19 September 1991.
229. — —, '"Einer, der zum Reden geboren, aber auch verdammt ist". Roman über die Geschichten, die das Leben ausmachen', *Oberhessische Presse*, 7 December 1991.
230. — —, 'Mit Geschichten Geschäfte machen. Uwe Timms neuer Roman *Kopfjäger*: Balance zwischen Unterhaltung und Aufklärung', *Der Tagesspiegel*, 13 October 1991.
231. Brender, Irmela, 'Uwe Timm: *Kopfjäger*', Süddeutscher Rundfunk, 1. Programm, 25 August 1991.
232. Bullivant, Keith, *The Future of German Literature* (Oxford, Berg, 1994), 109ff.
233. Byrne, Jack, 'Uwe Timm. Headhunter', *Review of Contemporary Fiction*, Summer 1994, 220.
234. Derbacher, Mark, 'Ein Makler erzählt Geschichten. Zeitanalyse', *Fränkischer Tag*, 16 November 1991.
235. Grumbach, Detlef, 'Die Suche nach dem König der Osterinsel', *Hannoversche Allgemeine Zeitung*, 21 December 1991.
236. — —, 'Uwe Timm: *Kopfjäger*', Deutschlandfunk, 28 September 1991.
237. Günther, Wolfgang, 'Abenteuer Geld', *Neue Westfälische*, 17 October 1991.
238. Hagestedt, Lutz, 'Ausgleichende Ungerechtigkeit. Kurzweilige Geschichten', *Wiesbadener Kurier*, 12 June 1992.
239. Hielscher, Martin, 'Der Kannibalismus des Erzählens. Zu Uwe Timms Roman *Kopfjäger*', *Gegenwartsliteratur*, 1 (2002), 247–67.
240. Holzinger, Lutz, 'Vom Mehrwert des Geschichtenerzählens', *Salto*, 13 December 1991.
241. Horn, Anette and Peter, '"Poesie heißt nämlich nichts anderes als Schöpfung durch Verlust". Die "chaotische" Zirkulation der Zeichen in Uwe Timms Roman *Kopfjäger*. Bericht aus dem Inneren des Landes', in Keith Bullivant, Manfred Durzak and Hartmut Steinecke (eds.), *Die Archäologie der Wünsche. Studien zum Werk von Uwe Timm* (Cologne, Kiepenheuer & Witsch, 1995), 199–215.
242. Kehrer, Jürgen, '*Kopfjäger*. Uwe Timms Roman dreht sich um den Kern aller Dinge: Geld', *Stadtblatt* [Münster], No. 2, February 1992.
243. Kief, Dieter, 'Der Autor als Kopfjäger. Spannend: Uwe Timms Roman aus dem Wirtschaftsleben', *Main-Echo*, 10 August 1992.
244. — —, 'Der Autor als Kopfjäger. Uwe Timm über das Wirtschaftsleben der Bundesrepublik', *Südkurier*, 2 March 1992.
245. Kiesel, Helmuth, 'Warentermin', *Frankfurter Allgemeine Zeitung*, 8 October 1991.
246. Koch, Uwe, 'Die Lust des Erfinders', *Freitag*, 13 September 1991.

247. Kracht, Christian, 'Wie die Schuhe, so der Dichter. Als Stilist und Erzähler sucht Uwe Timm in Deutschland seinesgleichen. Auch mit dem Roman *Kopfjäger* dreht er beim Leser an den richtigen Knöpfen', *Tempo*, No. 12 (December 1991).
248. Langner, Rainer-K., 'Der Roman aus dem Laptop', *Neue deutsche Literatur*, 40 No. 1 (1992), 157–60.
249. Loimeier, Manfred, 'Die Jagd nach Geschichten', *Mannheimer Morgen*, 11 October 1991.
250. Mazenauer, Beat, 'In den Niederungen der grossen Geschäfte. Uwe Timms neuer Roman gibt einen spannungsvollen Einblick in die Wirtschafts-Wunder-Welten', *Der Landbote*, 8 February 1992.
251. Melchert, Rulo, 'Heutiger Alltag mit gewöhnlichem Betrüger', *Sächsische Zeitung*, 27 September 1991.
252. Mohr, Jens [= Peter Mohr], 'Wenn der Jäger zum Gejagten wird', *Unsere Zeit*, 13 December 1991.
253. Mohr, Peter, 'Ein Held der schiefen Bahn. Abenteuer statt Milieustudie – das Leben eines Betrügers', *Deutsches Allgemeines Sonntagsblatt*, 6 December 1991.
254. ‒ ‒, 'Wenn der Jäger zum Gejagten wird', *Aargauer Tagblatt*, 1 February 1992.
255. ‒ ‒, 'Wenn der Jäger zum Gejagten wird', *Luxemburger Wort*, 23 January 1991.
256. ‒ ‒, 'Wenn der Jäger zum Gejagten wird. Spannend: Uwe Timms Roman *Kopfjäger*', *Bonner General-Anzeiger*, 15–16 February 1992.
257. ‒ ‒, 'Wenn der Jäger zum Gejagten wird. Uwe Timms Geschichte eines Kriminellen', *Die Presse*, 19–20 October 1991.
258. Nagel, Wolfgang, 'Das Manager-Tabu', *Manager Magazin*, No. 11 (November 1991).
259. Oehlen, Martin, 'Zielort Osterinsel', *Kölner Stadt-Anzeiger*, 27 September 1991.
260. Perina, Udo, 'Die Lust an Lug und Trug. Uwe Timms spannender Wirtschaftsroman *Kopfjäger*', *Die Zeit*, 11 October 1991.
261. Piwitt, Hermann Peter, 'Zur Seele vom Geschäft', *Frankfurter Rundschau*, 5 October 1991.
262. Puhl, Widmar, 'Whiskyglas mit Dekolleté. Zwischen Geschäft und Gaunerei', *Die Welt*, 25 April 1992.
263. Reim, Dagmar, '*Kopfjäger* von Uwe Timm', Norddeutscher Rundfunk, 2. Programm, 1 September 1991.
264. Ries, Harald, 'Ein Aufsteiger im Kannibalismus des Kapitalismus', *Westfalenpost*, 3 December 1991.
265. Rottensteiner, Franz, 'Deutsches Wirtschaftswunder-Dschungelbuch', *Der Standard* [Vienna], 25 October 1991.
266. Rumler, Andreas, 'Ein moderner Märchen-Erzähler', *Deutsche Welle*, 2 April 1992.

267. Schlodder, Holger, 'Der Traum vom schnellen Geld. Uwe Timms aufregender Roman aus dem Wirtschaftsleben', *Darmstädter Echo*, 9 November 1991.
268. Schulze-Reimpell, Jesko, 'Aufstieg eines Sprachkämpfers. *Kopfjäger*: Ein unterhaltsamer Schelmenroman von Uwe Timm', *Thüringer Tagblatt*, 6 December 1992.
269. Spiegel, Hubert, 'Denn wer über die Sprache verfügt . . . Uwe Timm und sein neuer Roman *Kopfjäger*', *Badische Zeitung*, 7 October 1991.
270. Steuhl, Wolfgang, 'Der Abenteuertrieb der Börsenwelt. Uwe Timms Roman *Kopfjäger*: Ein unvergessliches Sittengemälde des Wirtschaftsmilieus', *Die Weltwoche*, 10 October 1991.
271. Stuber, Manfred, 'Kannibalismus durch Sprache. Die Erotik des Tauschs. Der Autor Uwe Timm las im Regensburger Dollingersaal', *Mittelbayerische Zeitung*, 7 October 1991.
272. Vormweg, Heinrich, 'Ein Broker macht Geschichten', *Süddeutsche Zeitung*, 5–6 October 1991.
273. — —, 'Ein Laptop als Blechtrommel. Uwe Timms Bericht aus dem Inneren des Landes', in Keith Bullivant, Manfred Durzak and Hartmut Steinecke (eds.), *Die Archäologie der Wünsche. Studien zum Werk von Uwe Timm* (Cologne, Kiepenheuer & Witsch, 1995), 189–98.
274. — —, 'Uwe Timm: *Kopfjäger*', Westdeutscher Rundfunk, 3 September 1991.
275. Weidner, Wolfram, 'Absahner aus Zufall', *Südwest Presse*, 27 January 1992.
276. — —, 'Anlagebetrüger mit literarischen Ambitionen', *dpa. Deutsche Presse Agentur*, 25 November 1991.
277. Weinhart, Martin, 'Uwe Timm: *Kopfjäger*', Bayerisches Fernsehen, 11 September 1991.
278. Zacharias, Carna, 'Leben ist wie Monopoly. Uwe Timms raffinierter Gesellschafts-Roman *Kopfjäger*', *Abendzeitung*, 5 December 1991.
279. Zimmermann, Ulf, 'Uwe Timm. *Kopfjäger*', *World Literature Today. A Literary Quarterly of the University of Oklahoma*, Summer 1992.
280. Zulauf, Jochen, 'Im Reich der Börse. Antiroman', *Sozialmagazin. Die Zeitschrift für soziale Arbeit*, No. 4 (April 1992).
281. — —, 'Uwe Timm: *Kopfjäger*', Sender Freies Berlin, 3. Programm, 16 December 1991.

On *Erzählen und kein Ende*
282. Bernhard, Hans Joachim, 'Der wunderbare Konjunktiv. Uwe Timm: *Die Entdeckung der Currywurst* und *Erzählen und kein Ende*, beide Verlag Kiepenheuer & Witsch, Köln', *Neue deutsche Literatur*, 42 No. 1 (1994), 168–71.
283. Gesing, Fritz, 'Gewürzte Wurst. Uwe Timms Versuche zu einer Ästhetik des Alltags', *Die Zeit*, 12 November 1993.

284. Harig, Ludwig, 'Vom Füttern und Tränken der Triebe. Uwe Timms Paderborner Poetikvorlesungen', *Süddeutsche Zeitung*, 22 September 1993. [Reprinted in Hartmut Steinecke (ed.), *Literarisches aus erster Hand. 10 Jahre Paderborner Gast-Dozentur für Schriftsteller. Mit Texten von Max von der Grün, Erich Loest, Peter Rühmkorf, Peter Schneider, Eva Demski, Dieter Wellershoff, Herta Müller, Günter Kunert, Uwe Timm* (Paderborn, Igel, 1994), 247.]
285. Kiesel, Helmuth, 'Der Computer dichtet mit. Und andere Überlegungen zu einer neuen Poetik von Uwe Timm', *Frankfurter Allgemeine Zeitung*, 15 July 1993.
286. Magenau, Jörg, 'Erfindung der Wirklichkeit. Über die Poetik-Vorlesungen von Uwe Timm und seine Novelle *Die Entdeckung der Currywurst*', *Freitag*, 8 October 1993.
287. Reinhold, Ursula, 'Vom Erfindungsgeist der kleinen Leute. *Die Entdeckung der Currywurst* und ein Essayband von Uwe Timm', *Neues Deutschland*, 5 October 1993.
288. Wurzenberger, Gerda, 'Erzählen heute. Uwe Timms Paderborner Poetikvorlesungen', *Neue Zürcher Zeitung*, 28 July 1993.

On *Die Entdeckung der Currywurst*
289. Anonymous, 'Die Currywurst und ihr Bezug zu Braunschweig', *Braunschweiger Zeitung*, 12 January 1994.
290. — —, 'Die Lüge bedeutet das Ende der Liebe . . . Autorenlesung mit Uwe Timm am Freitag', *Westfälische Zeitung*, 19 October 1993.
291. — —, 'Matratzenfloß statt Panzerfaust. Süßlich-scharfe Anarchie zwischen Trümmern und Neubeginn', *Handelsblatt*, 4–5 March 1994.
292. — —, 'Umwege zur Erkenntnis', *Allgemeine Zeitung* [Mainz], 9 October 1993.
293. — —, 'Uwe Timm: *Die Entdeckung der Currywurst*', *Der Bund*, 13 November 1993.
294. Antl, Herbert, 'Uwe Timm: *Die Entdeckung der Currywurst*', Süddeutscher Rundfunk, 1. Programm, 12 September 1993.
295. Ascher, Rupert, 'Aromen und Leckerbissen aus der Kriegsküche', *Der Standard* [Vienna], 22 October 1993.
296. Bauer, Michael, 'Uwe Timm: *Die Entdeckung der Currywurst*', Deutschlandfunk, 8 November 1993.
297. Baum, Hans-Ulrich, 'Currywurst und Eichelkaffee – Novelle aus der Nachkriegszeit', dpa. *Deutsche Presse Agentur*, 1 November 1993.
298. — —, 'Vom Überleben nach dem Krieg mit Courage und Eichelkaffee: Kleines Glück ohne große Moral', *Oberhessische Presse*, 13 January 1994.
299. — —, 'Zeit für Eichelkaffee. Hamburger Uwe Timm schrieb Novelle aus Nachkriegszeit', *Nordsee-Zeitung*, 17–18 November 1993.
300. Berke, Bernd, 'Am Fenster sehen Krieg und Frieden völlig anders aus', *Westfälische Rundschau*, 6 September 1993.

301. Boedecker, Sven, 'Das Paradies auf der Zunge', *Berliner Zeitung*, 11 March 1994.
302. ——, 'Lena verschweigt das Ende des Krieges. Uwe Timms Novelle über die Currywurst fördert eine Lebensgeschichte zutage', *Saarbrücker Zeitung*, 4–5 December 1993.
303. Campe, Joachim, 'Kopfjäger Erinnerung', *Frankfurter Rundschau*, 23 November 1993. [Reprinted in Franz Josef Görtz (ed.), *Deutsche Literatur 1993. Jahresüberblick* (Stuttgart, Reclam, 1994), 228–31.]
304. Damm, Steffen, 'Gefangenschaft in der Wohnung der Geliebten. Uwe Timm erzählt von einer Fahnenflucht und vertieft sich in die Frühgeschichte der Fastfood / Die Currywurst – eine Hamburger Erfindung?', *Der Tagesspiegel*, 20 March 1994.
305. Dattenberger, S., 'Schatz', *Münchner Merkur*, 2 September 1993.
306. Doerry, Martin, 'Liebesnest mit List. Eine Novelle auf der Suche nach der verlorenen Zeit', *Spiegel Special. Bücher '93*, No. 5 (October 1993).
307. Fuld, Werner, 'Affäre fürs Leben. Uwe Timms süß-scharfe Geschichte', *Frankfurter Allgemeine Zeitung*, 2 October 1993.
308. Gesing, Fritz, 'Gewürzte Wurst. Uwe Timms Versuche zu einer Ästhetik des Alltags', *Die Zeit*, 12 November 1993.
309. Grumbach, Detlef, 'Uwe Timm: *Die Entdeckung der Currywurst*', *Die Woche*, 9 December 1993.
310. ——, 'Uwe Timm: *Die Entdeckung der Currywurst*', Ostdeutscher Rundfunk Brandenburg, 7 November 1993.
311. Günther, Wolfgang, 'Liebe ohne Helden', *Neue Westfälische*, 4 November 1993.
312. Haase, Wolf, 'Lebensmut und Currywurst. Novelle vom Wert der Erinnerungen', *Sächsische Zeitung*, 11 February 1994.
313. Hansen, W., 'Futschikato en Schikkimicki. Uwe Timm over de gechiedenis van de Currywurst', *De Volkskrant*, 5 November 1993.
314. Hanuschek, Sven, '*Die Entdeckung der Currywurst*. Buchtip', *Quer. Monatszeitung für Arbeitslose*, No. 12 (December 1993).
315. Herwig, Oliver, 'Dem Erzählen auf der Spur . . .', *Mittelbayerische Zeitung*, 20–21 November 1993.
316. Hoven, Herbert, '"Ein Gewürz gegen die Schwermut". Uwe Timms Buch *Die Entdeckung der Currywurst* handelt vom Essen und vom Genießen', *Landshuter Zeitung*, 22 October 1993.
317. Höving, Elisabeth, 'Bittersüß', *Westdeutsche Allgemeine Zeitung*, 18 November 1993.
318. Howald, Stefan, 'Leib- und Magenfrage', *Tages-Anzeiger* [Zurich], 11 January 1994.
319. Jäger, Monika, 'Scheherezade in Hamburg. Uwe Timms wunderschöne Novelle *Die Entdeckung der Currywurst*', *Mindener Tageblatt*, 9 December 1993.
320. Jokostra, Peter, 'Denkmal für ein mutiges Frauenleben', *Rheinische Post*, 30 October 1993.

Bibliography

321. — —, 'Uwe Timm: *Die Entdeckung der Currywurst*', Österreichischer Rundfunk, 10 October 1993.
322. — —, 'Uwe Timm: *Die Entdeckung der Currywurst*', RIAS Berlin, 20 December 1993.
323. Kanold, Jürgen, 'Was der Mensch braucht oder *Die Entdeckung der Currywurst*. Der Schriftsteller Uwe Timm und seine pointenreiche Novelle', *Sudwest-Presse*, 12 November 1993.
324. Kant, Hermann, 'T. und G.', *Konkret Literatur*, No. 18 (1993–4).
325. Kanthak, Dietmar, 'Lenas Bootsmann', *Hannoversche Allgemeine Zeitung*, 8 January 1994.
326. — —, 'Süßlichscharfe Anarchie. Uwe Timm weiß, wer die Currywurst erfunden hat', *Bonner General-Anzeiger*, 6 October 1993.
327. Kappel, Sonja, 'Uwe Timm: *Die Entdeckung der Currywurst*', Südwestfunk, 2. Programm, 27 October 1993.
328. Kopplin, Wolfgang, 'Es geht um die Currywurst', *Bayernkurier*, 11 June 1994.
329. Kracht, Christian, '*Die Entdeckung der Currywurst*', *Tempo*, No. 9 (September 1993).
330. Kraft, Thomas, 'Die Liaison zerbricht, die Geschichten gehen weiter. Wer nur das Rezept will, wird nicht bedient', *Stuttgarter Nachrichten*, 5 October 1993.
331. — —, 'Erzählen um zu überleben. Mehr als ein Appetithäppchen: Uwe Timms *Die Entdeckung der Currywurst* – Lesung in Nürnberg', *Nürnberger Nachrichten*, 4 November 1993.
332. — —, 'Wer erzählt, der überlebt. Der neue Roman von Uwe Timm verfolgt deutsche Geschichte auf der Spur eines kulinarischen Leitfossils', *Rheinischer Merkur*, 17 September 1993.
333. Linden, Thomas, 'Schlemmerkost für einen Matrosen. Der Kölner [sic] Uwe Timm schrieb das verblüffend-vergnügliche Buch über *Die Entdeckung der Currywurst*', *Kölnische Rundschau*, 4 November 1993.
334. Lorenz, Dagmar, 'Die Entfernung zwischen zwei Enden einer Wurst. Uwe Timms Novelle auf Zeitreise in die 50er Jahre / Eine Biographie', *Wiesbadener Kurier*, 7 October 1993.
335. Moers, Peter and Papenbroock, Frank, 'Uwe Timm: *Die Entdeckung der Currywurst*', ARD, 30 September 1993.
336. Mohr, Peter, 'Die Soße der frühen Jahre', *Deutsches Allgemeines Sonntagsblatt*, 8 October 1993.
337. — —, 'Timms Novelle über Herkunft der Currywurst', *Stadtspiegel Wattenscheid*, 6 October 1993.
338. — —, 'Uwe Timms Novelle *Die Entdeckung der Currywurst*', Ruhrwelle Bochum, 7 November 1993.
339. Nellissen, Monika, 'Literarischer Imbiß, auf der Bühne verwürzt', *Die Welt*, 8 April 2006.
340. Nievergelt, Gery, 'Am Anfang steht die Wurst, doch am Ende siegt die Liebe. Warum Uwe Timms Novelle *Die Entdeckung der Currywurst*

auch hierzulande Beachtung verdient', *Sonntagszeitung* [Zurich], 24 October 1993.
341. Oehlen, Martin, 'Hamburger Glück', *Kölner Stadt-Anzeiger*, 30 November 1993.
342. Ottevaere, E., 'De oorlog en de kerrieworst', *De Standaard* [Belgium], 5–6 March 1994.
343. Papendieck, Hans-Anton, 'Curryexperte. Eine Lesung von Uwe Timm', *Hannoversche Allgemeine Zeitung*, 30 October 1993.
344. Peuker, Elisabeth, 'Vergnügliche Begegnung mit einer Curry-Circe. Uwe Timm fühlt sich in die Lebensphilosophie einer Frau ein, die Ersatzlösungen durch eigenes Zutun zu Vollwertigem macht', *Mitteldeutsche Zeitung*, 3 November 1993.
345. Prugger, Irene, 'Süßlichscharfe Anarchie. Uwe Timm erzählt von Currywürsten und Trümmerfrauen', *Wiener Zeitung*, 8 October 1993.
346. Reichart, Manuela, 'Uwe Timm: *Die Entdeckung der Currywurst*', Radio Bremen, 12 October 1993.
347. — —, 'Uwe Timm: *Die Entdeckung der Currywurst*', Sender Freies Berlin, 3. Programm, 14 December 1993.
348. Röder, Hendrik, 'Marktwirtschaft und Currywurst. Uwe Timm zu Gast bei Wist & Ressel', *Potsdamer Neueste Nachrichten*, 1 October 1993.
349. Schaber, Susanne, 'Scharfe Entdeckung. Uwe Timm und seine Currywurst-Novelle', *Die Presse*, 18 September 1993.
350. Schneider, Anette, 'Uwe Timm: *Die Entdeckung der Currywurst*', Norddeutescher Rundfunk, 2 September 1993.
351. Siedenberg, Sven, 'Drei-Sterne-Lese-Kulinarik. Uwe Timms Novelle vom Geschmack der Erinnerung', *Stuttgarter Zeitung*, 3 December 1993.
352. Steinecke, Hartmut, 'Die Entdeckung der Currywurst oder die Madeleine der Alltagsästhetik', in Keith Bullivant, Manfred Durzak and H. Steinecke (eds.), *Die Archäologie der Wünsche. Studien zum Werk von Uwe Timm* (Cologne, Kiepenheuer & Witsch, 1995), 217–30.
353. Steinert, Hajo, 'Falscher Hase', *Die Zeit*, 12 November 1993.
354. Surminski, Arno, 'Als Deserteur in Liebeshaft bei Mutter Courage. Wenn die Helden ans Überleben denken – Kriegsende für einen Marinesoldaten', *Welt am Sonntag*, 3 October 1993.
355. Wurzenberger, Gerda, 'Wurstnovelle', *Neue Zürcher Zeitung*, 29 October 1993.

On *Johannisnacht*
356. Altmann, A., 'Ein Kartoffel-Krimi rund um die Wiedervereinigung. *Johannisnacht*, der neue Roman des Münchner Dichters Uwe Timm', *Abendzeitung* (Munich), 2 September 1996.
357. Ammann, Ludwig, 'Allerlei Raffiniertes rund um die Kartoffel. Uwe Timms Roman *Johannisnacht*', *Hannoversche Allgemeine Zeitung*, 10 May 1997.

358. — —, 'Im Zeichen der Kartoffel. Uwe Timms zauberhafter Roman *Johannisnacht*', *Badische Zeitung*, 3 September 1996.
359. Anonymous, 'An der unsichtbaren Berliner Mauer. Berlin: Deutschsprachige Autoren über das Stadtleben nach der Ostöffnung', *Oberösterreichische Nachrichten*, 5 February 1997.
360. — —, 'Die launige Lust an Alltagsgeschichten. Uwe Timm philosophiert im neuen Roman *Johannisnacht* über die Kartoffel', *Kieler Nachrichten*, 31 October 1996.
361. — —, 'Lust am Fabulieren. Ein Berliner Sommernachtstraum', *Nordsee-Zeitung*, 23 November 1996.
362. — —, 'Zu den Wurzeln der Kartoffel. Uwe Timms *Johannisnacht*, der Großstadtdschungel und das neue Deutschland', 6 September 1996.
363. Arend, Ingo, 'Angedeutete Genüsse. Berliner Kartoffelsalat: Uwe Timms neuer Roman *Johannisnacht*', *Freitag*, 6 September 1996.
364. Barthelemy, Andrea, 'Abenteuer in der Johannisnacht', *Frankfurter Neue Presse*, 10 September 1996.
365. — —, 'Auf den Spuren einer tollen Knolle. Ein Berliner Sommernachtstraum: Uwe Timms neuer Roman *Johannisnacht*', *Südwest Presse*, 4 December 1996.
366. — —, 'Ein Spiel um Schein und Sein in der Johannisnacht. Schauplatz Berlin. Uwe Timm beweist wieder sein Talent als Geschichtenerzähler', *Mitteldeutsche Zeitung*, 2 October 1996.
367. — —, 'Fälschung als neues Spiel. Uwe Timm auf Recherche in Ost und West', *Schweriner Volkszeitung*, 14 September 1996.
368. — —, '*Johannisnacht*: Von Kartoffeln und mehr. Ein Journalist auf Recherchetour', *Ruhr Nachrichten*, 20 December 1996.
369. — —, 'Sommernachtstraum. Uwe Timms Berliner *Johannisnacht*', *Heilbronner Stimme*, 14 September 1996.
370. Basler, Daniel J., 'Merkwürdige Begegnungen. Uwe Timms fulminante Satire *Johannisnacht*', *Mittelbadische Presse*, 8 February 1997.
371. Bothe, Petra, 'Christo und die Knolle. Berichte von verrückten Berliner Begegnungen', *Sächsische Zeitung*, 7–8 September 1996.
372. Dotzauer, Gregor, 'Uwe Timm, *Johannisnacht*', *Die Woche*, 4 October 1996.
373. Endres, Elisabeth, 'Puk, ein Hairstylist in Berlin. Mit Uwe Timm rein in die Kartoffeln und auch wieder raus', *Süddeutsche Zeitung*, 6 November 1996.
374. Grumbach, Detlef, 'Roter Baum und Fürstenkrone. Uwe Timms famos fabulierte *Johannisnacht*', *Die Zeit*, Messebeilage, 4 October 1996.
375. Gutschke, Irmtraud, 'Das wunschlose Glück. Uwe Timm sucht nach Kartoffeln und findet Geschichten – burlesk und bitter', *Neues Deutschland*, 6 December 1996.
376. Hagestedt, Lutz, 'Die Realität als Nachtschattengewächs. Uwe Timm erzählt der Kartoffel nach', *Frankfurter Rundschau*, 14 December 1996.

377. Halter, Martin, 'Kartoffelauflauf in Berlin. Uwe Timms Roman *Johannisnacht'*, *Tagesanzeiger* (Zurich), 18 November 1996.
378. Hawes, James, 'The German storyteller', *Prospect* (June 1997), 10–11.
379. Helling, Reinhard, 'Was hat die Kartoffel mit deutscher Mentalität zu tun? Erzählerische Entdeckungsreise: Der Schriftsteller Uwe Timm über sich und seinen neuen Roman *Johannisnacht'*, *Die Welt*, 14 January 1997.
380. Hinck, Walter, 'Schwer geackert. Uwe Timm treibt Kartoffelkunde', *Frankfurter Allgemeine Zeitung*, 17 August 1996.
381. Hock, Rotraut, 'Kartoffelforschung im wiedervereinigten Berlin. Buntes Panoptikum: Uwe Timms *Johannisnacht'*, 30 November 1996.
382. Ihlefeld, Claudia, 'Tiefenangst oder Spurensuche in Berlin. Uwe Timm und die Erzählkunst als demokratischer Akt: eine Odyssee während der Reichstagsverhüllung', *Heilbronner Stimme*, 5 December 1996.
383. Kemper, Hella, 'Berliner Kartoffeln. Uwe Timms neuer Roman *Johannisnacht'*, *Neue Westfälische*, 23 October 1996.
384. Kornemann, Alfred, 'Geschichten um die Kartoffel. *Johannisnacht* schildert drei Berliner Tage zur Zeit der Reichstagsverhüllung', *Der Patriot*, 3 September 1996.
385. Kraft, Thomas, 'In kleinen Dingen steckt das pralle Leben. Uwe Timm begibt sich als Kartoffelforscher nach Berlin und reflektiert über die deutsche Einheit', *Landshuter Zeitung*, 18 September 1996.
386. — —, 'Prolet unter den Gemüsen. In seinem neuen Roman erhebt der literarische Entdecker der Currywurst die Kartoffel zu poetischen Ehren. Uwe Timm / *Johannisnacht'*, *Rheinischer Merkur*, 11 October 1996.
387. — —, 'Überlegene Kartoffelsorte als Errungenschaft. Berlin im Umbruch – Uwe Timms jüngster Roman *Johannisnacht'*, *Stuttgarter Zeitung*, 22 November 1996.
388. Krall, Günter, 'Ein Abenteuer rund um die Kartoffel. Uwe Timms frühes Alterswerk *Johannisnacht'*, *Die Rheinpfalz*, 28 September 1996.
389. Krass, Stephan, 'Sättigungsbeilage. Uwe Timm macht die Kartoffel literaturfähig', *Neue Zürcher Zeitung*, 1 October 1996.
390. Kunze, Rolf-Ulrich, '*Johannisnacht*, Uwe Timm', *Stadtblatt* (Osnabrück), No. 219 (April, 1997).
391. Ladenthin, Volker, 'Würfelspiel oder Sommernachtstraum? Ilja Trojanow: *Die Welt ist groß und Rettung lauert es überall*, Carl Hanser Verlag, München; Uwe Timm, *Johannisnacht*, Verlag Kiepenheuer & Witsch, Köln; beide 1996', *Neue deutsche Literatur*, 41 No. 2 (1997), 27–8.
392. Liersch, Werner, 'Knolle', *Berliner Morgenpost*, 28–29 September 1996.
393. Linden, Thomas, 'Nach Berlin der Kartoffeln wegen. Bissig erzählt: Uwe Timms Roman *Johannisnacht'*, *Kölnische Rundschau*, 2 August 1996.
394. — —, 'Was die Pasta für die Italiener ... Uwe Timms Roman rund um die Kartoffel', *Berliner Zeitung*, 24–25 August 1996.

395. Mazenauer, Beat, 'Die Sache mit der Kartoffel – Das Erzählen, eine Lust. Uwe Timms Roman *Johannisnacht* – ein wucherndes Kompendium von Geschichten und Geschichten', *Der Landbote*, 30 October 1996.
396. — —, 'Flunkern und fabulieren über das Kartoffelgeheimnis. Uwe Timm: *Johannisnacht*, ein Roman aus dem Nachwende-Berlin', *Neue Luzerner Zeitung*, 5 December 1996.
397. Meissner, Toni, 'Die Rauchringe des faulen Onkels. Uwe Timms [sic] liest heute aus *Johannisnacht*', *Abendzeitung* (Munich), 10 October 1996.
398. Meyhöfer, Annette, 'Komik aus Christo-Tagen', *Spiegel extra*, No. 9 (September 1996), 9.
399. Michels, Dietmar, 'Im Dickicht der Großstadt. Uwe Timm schickt eine Sonde ins Labor der deutschen Einheit', *Der Tagesspiegel*, 2–3 October 1996.
400. Mohr, Peter, 'Niveauvoll unter Niveau', *Schwäbische Zeitung*, 13 December 1996.
401. Müller-Zech, Fritz, 'Kartoffelgeschichten', *Am Erker. Zeitschrift für Literatur*, 19 No. 32 (Winter 1996–7), 15.
402. Odenwald, Andreas, 'Die Droge Berlin in Überdosis genossen. Der Schriftsteller Uwe Timm und seine gerade erschienene Erzählung *Johannisnacht*', *Die Welt*, 13 September 1996.
403. Pittler, Andreas P., 'Der literarische Nährwert einer hochpolitischen Knolle. Uwe Timm, *Johannisnacht*', *Der Standard* (Vienna), 16 August 1996.
404. Rabenstein, Edith, 'Ein Tor ohne Tiefgang. Uwe Timm schrieb einen Berlinroman *Johannisnacht*', *Passauer Neue Presse*, 23 January 1997.
405. Rack, Monika, 'Magie der Kartoffel. Uwe Timms Roman *Johannisnacht*', *Südkurier*, 24 October 1996.
406. Roufs, Peter, 'Lauter kleine Verlierer. *Johannisnacht* von Uwe Timm', *Stadtmagazin Mönchengladbach*, No. 4 (1997).
407. Schlodder, Holger, 'Deckname "Kartoffel". Uwe Timms Roman *Johannisnacht* bei Kiepenheuer & Witsch', *Mannheimer Morgen*, 5 December 1996.
408. — —, 'Im Zeichen der braunen Knolle. Uwe Timms *Johannisnacht* macht Appetit, sättigt aber nicht', *Darmstädter Echo*, 23 September 1996.
409. Schmidt, Gudrun, 'Midsummer in Berlin', *Berliner Lesezeichen* (September 1997), 12–13.
410. Schmitz-Albohn, Thomas, 'Kartoffeljagd im Dämmerzustand zwischen Wachen und Träumen. Die mißlungene *Johannisnacht* von Uwe Timm sollte man schnell überschlafen', *Gießener Anzeiger*, 8 March 1997.
411. Seibel, Wolfgang, 'Berliner Sättigungsbeilage. Uwe Timms Geschichten rund um die Kartoffel', *Die Presse* (Vienna), 11 January 1997.

412. Weber, Mareike, 'Suche nach der Knolle. Uwe Timms *Johannisnacht* als Berliner Sommernachtstraum', *Lübecker Nachrichten*, 17 September 1996.
413. Wester, Christel, 'Von Kartoffelgeschmackskatalogen, germanistischem Telefonsex und . . . Uwe Timms neuer Roman *Johannisnacht*', *Stadtrevue* (Cologne), No. 11 (November 1996).
414. Zenker-Baltes, Inge, 'Im Wendekreis der Kartoffel. Timms *Johannisnacht* ist ein Loblied auf die Knolle', *Bremer Nachrichten*, 24 October 1996.

On *Nicht morgen, nicht gestern*
415. Encke, Julia, 'Die Kunst des Kürschners', *Frankfurter Allgemeine Zeitung*, 27 August 1999.
416. Schweitzer, Michael, 'Ein schöner Zufall', *Freitag*, 14 May 1999.

On *Rot*
417. Albrecht, Andrea, '"Wir hätten mehr singen sollen". Jazz, Politik und Sinnlichkeit in Uwe Timms *Rot*', in Frank Finlay and Ingo Cornils (eds.), *Unerfüllte Wirklichkeit. Neue Studien zu Uwe Timms Werk* (Würzburg, Königshausen & Neumann, 2006), 9–30.
418. Binal, Irene, 'Uwe Timms Requiem für einen Geschichtenerzähler', *Frankfurter Allgemeine Zeitung*, 28 December 2001.
419. Cornils, Ingo, 'Long Memories. The German Student Movement in Recent Fiction', *German Life and Letters*, No. 56 (2003), 89–102.
420. — —, 'Uwe Timm, der heilige Georg und die Entsorgung der Theorie', in Frank Finlay and Ingo Cornils (eds.), *Unerfüllte Wirklichkeit. Neue Studien zu Uwe Timms Werk* (Würzburg, Königshausen & Neumann, 2006), 55-71.
421. Friedrich, Gerhard , 'Rot wie tot. Zur Symbolik in Uwe Timms Roman *Rot*', in Frank Finlay and Ingo Cornils (eds.), *Unerfüllte Wirklichkeit. Neue Studien zu Uwe Timms Werk* (Würzburg, Königshausen & Neumann, 2006), 31–44.
422. Fuchs, Anne, '*Vergangenheitsbewältigung* to Generational Memory Contests in Günter Grass, Monika Maron and Uwe Timm', *German Life and Letters*, No. 59 (2006), 169–86.
423. General, Regina, 'Die geplatzte Revolution der Engel', *Freitag*, 4 January 2002.
424. Greiner, Ulrich, 'Der Wiedergänger', *Die Zeit*, 4 October 2001.
425. Grumbach, Detlef, 'Grabrede auf die Generation Rot', *Berliner Zeitung*, 20 October 2001.
426. Hauser, Sascha, 'Exrevolutionäre Schraubzwinge', *Literaturen* No. 12 (2001).
427. Hörisch, Jochen, 'Die Asche glüht noch. Uwe Timms polittheologischer Roman *Rot*', *Neue Zürcher Zeitung*, 16 January 2002.

428. Horn, Peter, 'Der Schriftsteller als Beerdigungsredner – Totenbeschwörungen in Uwe Timms *Rot*', *Acta Germanica*, 30–1 (2002–3), 99–109.
429. Jung, Werner, 'Rot, rot, rot – 68 und die Folgen', *Neue deutsche Literatur*, 1 (2002), 178–82.
430. März, Ursula, 'Archiv in der Zeitfalte. Uwe Timms Roman *Rot* ist ein richtig schönes 68-er Ding', *Frankfurter Rundschau*, 10 October 2001.
431. Mazenauer, Beat, 'Rot wie die vergängliche Jugend', *Der Landbote*, 5 November 2001.
432. Müller-Lobeck, Christiane, 'Beim Reden denken, Neues finden', *taz*, 8 November 2001.
433. Rathgeb, Eberhard, 'Die Gans in der Revolte', *Frankfurter Allgemeine Zeitung*, 9 October 2001.
434. Reichart, Manuela, 'Wer aber trauert um den Begräbnisredner?', *Süddeutsche Zeitung*, 10 October 2001.
435. Rinner, Susanne, 'Der Tod des Erzählers – Ein Nachruf auf die Erinnerung und das Vergessen der Studentenbewegung in Uwe Timms *Rot*', in Frank Finlay and Ingo Cornils (eds.), *Unerfüllte Wirklichkeit. Neue Studien zu Uwe Timms Werk* (Würzburg, Königshausen & Neumann, 2006), 72–91.
436. Schmitz-Albohn, Thomas, 'Junge Frauen werden angeblich bei Hegel schwach', *Gießener Anzeiger*, 1 February 2002.
437. Schwabeneder, Franz, 'Die Farbe der Verlierer ist rot', *Oberösterreicher Nachrichten*, 29 Janury 2002.
438. Steinert, Hajo, '"Ach, Iris, ich weiß zu viel". Uwe Timm denkt über Rot nach', *Die Welt*, 20 October 2001.
439. Shafi, Monika, 'Farben bekennen. Zur Bedeutung von Farben in Uwe Timms Roman *Rot*', in Frank Finlay and Ingo Cornils (eds.), *Unerfüllte Wirklichkeit. Neue Studien zu Uwe Timms Werk* (Würzburg, Königshausen & Neumann, 2006), 45–54.

On *Am Beispiel meines Bruders*
440. Adam, Konrad, 'Erbarmunslose Moralisten', *Die Welt*, 17 August 2006.
441. — —, 'Wer ist Täter, wer ist Opfer?', *Die Welt*, 16 August 2006.
442. Anonymous, 'Der Nachkömmling', *Frankfurter Allgemeine Zeitung*, 13 September 2003.
443. Arend, Ingo, 'Toter Russe', *Freitag*, 10 October 2003.
444. Atze, Marcel, 'Er war anständig', *Literaturkritik*, 4 September 2003.
445. Buselmeier, Michael, 'Linke Mythen', *Freitag*, 6 Febraury 2004.
446. Dattenberg, Simone, 'Die verbotene Tür zum Grauenhaften', *Münchener Merkur*, 24 August 2003.
447. Hörrisch, Jochen, 'Abwesend und doch anwesend. Uwe Timms Familiengeschichte *Am Beispiel meines Bruders*', *Neue Zürcher Zeitung*, 9 September 2003.

448. Krause, Tilman, 'Ein deutscher Junge weint nicht', *Die Welt*, 4 October 2003.
449. Lebert, Stephan, 'Im Keller der Familie', *Der Tagesspiegel*, 3 September 2003.
450. März, Ursula, 'Gespenstervertreibung', *Die Zeit*, 18 September 2003.
451. Müller, Lothar, 'Bruder ist in großer Not. Und wie die Tür aufging. Uwe Timm erzählt die Kriegsgeschichte seiner Familie', *Süddeutsche Zeitung*, 5 September 2003.
452. Raulff, Ulrich, 'Bruder Hitler. Die NS-Zeit als Familienroman', *Süddeutsche Zeitung*, 8 March 2004.
453. Reinhardt, Stephan, 'Uwe Timm, Am Beispiel meines Bruders', *Büchermarkt*. Sendung des Deutschland Radio, 1 October 2003.
454. Richter, Steffen, 'Bruderschatten', *Der Tagesspiegel*, 14 December 2003.
455. Rossbacher, Brigitte, 'Cultural Memory and Family Stories. Uwe Timm's *Am Beispiel meines Bruders*', *Gegenwartsliteratur*, 4 (2005) 23–31.
456. Schmitz, Michaela, 'Wer warst du, Kain?', *Rheinischer Merkur*, 25 September 2003.
457. Siblewski, Klaus, 'Die schwierigste aller Fragen', *Frankfurter Rundschau*, 17 September 2003.
458. Wilczek, Reinhard, 'Das Motiv des "Verlorenen Bruders" bei Hans-Ulrich Treichel und Uwe Timm. Literarische Bewältigungsdiskurse und ihre neue Erzählperspektive', in Frank Finlay and Ingo Cornils (eds.), *Unerfüllte Wirklichkeit. Neue Studien zu Uwe Timms Werk* (Würzburg, Königshausen & Neumann, 2006), 185–97.
459. Williams, Rhys, '"Eine ganz gewöhnliche Kindheit". Am Beispiel meines Bruders', in Frank Finlay and Ingo Cornils (eds.), *'Unerfüllte Wirklichkeit. Neue Studien zu Uwe Timms Werk* (Würzburg, Königshausen & Neumann, 2006), 173–84.

On *Der Freund und der Fremde*
460. Anonymous, 'Alle kennen ihn, doch niemand weiß, wer er wirklich war', *Die Welt*, 17 December 2005.
461. — —, 'Erzählte Leben', *Frankfurter Allgemeine Zeitung*, 25 November 2005.
462. — —, 'Geschichte einer Ikone', *Frankfurter Allgemeine Zeitung*, 24 September 2005.
463. Bartels, Gerrit, 'Spürbares Bewegtsein', *taz*, 17 September 2005.
464. Bielefeld, Claus-Urich, 'Ein deutscher Jüngling', *Die Welt*, 24 September 2005.
465. Encke, Julia, 'Der Tod des schönen, fremden Freundes', *Frankfurter Allgemeine Zeitung*, 21 August 2005.
466. Kunckel, Susanne, 'Schuß auf den Freund', *Die Welt*, 28 August 2005.
467. Rothschild, Thomas, 'Die Absurdität des Todes', *Freitag*, 21 April 2006.

468. Schwenger, Hannes, 'Am Beispiel meines toten Freundes', *Der Tagesspiegel*, 26 August 2005.
469. von Thadden, Elisabeth, 'Das Glück des anderen', *Die Zeit*, 15 September 2005.
470. Ziellinger, Gerhard, 'Uwe Timm: "Versuch, ein anderer zu werden"', *Die Presse*, 10 June 2006.

On films of Uwe Timm's work
471. Gotthold, Monika, 'Flucht aus dem Liebesschmerz' [on *Kerbels Flucht*], *Westfälische Rundschau*, 31 May 1984.
472. Mack, Günther, '*Morenga* ohne Morenga', *Die Zeit*, 8 March 1985.
473. Pawek, Karl, 'Gewöhnlicher Kolonialismus. Die Verfilmung von Uwe Timms Roman *Morenga*', *Deutsche Volkszeitung*, 8 March 1985.
474. Schulze, Hartmut, 'Wie Wespen' [on TV film of *Morenga*], *Der Spiegel*, 11 March 1985.
475. Visarius, Karsten, 'Wirre Gefühle und Empfindungen. Fernsehspiel *Kerbels Flucht*', *Frankfurter Allgemeine Zeitung*, 1 June 1984.
476. Wienert, Klaus, 'Tragödie des Verlassenwerdens. *Kerbels Flucht* nach Uwe Timms Roman im ZDF', *Der Tagesspiegel*, 27 May 1984.

Index

Akzente 87, 89
Am Beispiel meines Bruders 11, 12, 19, 23, 24, 26, 69, 71–83, 84, 88, 89
Andersch, Alfred 24, 47
Apollinaire, Guillaume 87, 90
AutorenEdition 10, 37

Barthes, Roland 90
Baudelaire, Charles 87
Beckett, Samuel
   Molloy 90
Benjamin, Walter
   Der Erzähler 90
Benn, Gottfried 88, 90
Bloch, Ernst
   Spuren 90
Blumenberg, Hans
   Mattäuspassion 90
Braun, Brigitte 89
Braunschweig-Kolleg 9, 32, 86, 89, 91, 95
Browning, Christopher R.
   Ordinary Men. Police Battalion 101 and the Final Solution in Poland 76, 77

Camus, Albert 21–2
   Le Mythe de Sisyphe 90
   L'Étranger 86–7, 90
   L'Homme Révolté 90
Carpentier, Alejo 35
Cocteau, John 84
Conrad, Joseph
   Heart of Darkness 42
Cooper, James Fenimore 42

Das Problem der Absurdität bei Albert Camus 9, 33, 88, 94
Der Freund und der Fremde 11, 12, 19, 22–3, 26, 69, 84–96

Der Mann auf dem Hochrad 10, 26, 29, 33, 61
Der Schatz auf Pagensand 10
Der Schlangenbaum 10, 35–6, 61
Diderot, Denis 33
Die Entdeckung der Currywurst 10, 26, 29, 30–1, 50, 53, 61, 80, 81, 83
Die Bubi Scholz Story 10
Die Piratenamsel 10
Die Zugmaus 10
Döblin, Alfred 1

Eine Handvoll Gras 10
Eliot, T. S. 14
   Four Quartets 93
Enzensberger, Ulrich
   Die Jahre der Kommune I 90
Erzählung und kein Ende 10, 32–3, 52–3, 63
   'Das Geflüster der Generationen' 29

Fränkel, Wolfgang 22
Frederick the Great 12
Fuchs, Günter Bruno 87

Grass, Günter 87
   Im Krebsgang 19
Grossmann, Frank 89

Habermas, Jürgen 5
Hartung, Rudolf 87
Hausmann, Friederike 85, 89
Hawes, James 56
Heine, Heinrich 1
Heißer Sommer 10, 26, 61–2, 79–80
Heißenbüttel, Helmut 87
Heydrich, Reinhard 12–13
Hitler, Adolf 6, 81

Index

Homer
  Odyssey 14
Höllerer, Walter 87

Invalidenfriedhof 12–13, 15
Ionesco, Eugène 90

Johannisnacht 10, 12, 13, 50, 61, 62, 72
Joyce, James
  Finnegan's Wake 93

Keitel, Wilhelm 23
Kerbels Flucht 10, 61
Kipphardt, Heiner 20, 72, 89
Kopfjäger. Bericht aus dem inneren des Landes 10, 26, 30, 34
Kurras, Karl-Heinz 32, 85, 87, 89

Löffler, Karl 68

Mallarmé, Stéphane 90
Mann, Thomas 1, 2, 3
Mann, Heinrich 1
Marryat, Frederick
  Masterman Ready; or The Wreck of the Pacific 45
Marx, Karl 16, 90
May, Karl 42, 48
Mölders, Werner 13
Mon, Franz 87
Morenga 10, 26, 30, 37–49, 61

Nicht morgen, nicht gestern 10, 12, 50–70
  'Screen' 51, 52, 59–60, 67
  'Der Mantel' 51, 52, 56–7, 59–60
  'Nicht morgen, nicht gestern' 51, 52, 57
  'Das Schließfach' 51, 52, 53
  'Eine Wendegeschichte' 51, 52, 54, 55, 56, 58

'Das Abendessen' 51, 52, 54, 55–6, 58–9, 65

Ohnesorg, Benno 9, 19, 20–1, 32, 84–96
Ohnesorg, Christa 21, 85, 89, 90
Ohnesorg, Lukas 89
Orpheus 93–5
Ovid
  Metamorphoses 89–90, 93–4

RAF (Rote Armee Faktion) 37
Richthofen, Wolfram von 13
Rimbaud, Arthur 90
Rot 12–17, 19–20, 50–70, 84, 94
Rühmkorf, Peter 87

Sartre, Jean-Paul 21
Schlink, Bernhard
  Der Vorleser 19, 71
Seyfried, Gerhard
  Herero 37–49
Shakespeare, William
  A Midsummer Night's Dream 12, 13
  Hamlet 13
Student movement 15–17, 22–4, 61–2, 64, 66, 68–9, 84, 93

teils-teils 20, 88, 89
Thomas, Dylan 57–8
  'Poem in October' 57–8
Thomas, Caitlin 57–8
Treichel, Hans-Ulrich
  Der Verlorene 19, 71

Udet, Ernst 13

Vietnam War 17, 79
Virgil
  Aeneid 14

*Vogel, friß die Feige nicht.
Römische Aufzeichnungen* 19,
72–5, 89

Waldheim, Kurt 6
Walser, Martin 17–18, 90

Wassermann, Jakob 1–8
Westerwelle, Guido 17
Widersprüche 9
Williams, William Carlos
'To Mark Anthony in Heaven' 75–6